等身大の僕で生きるしかないので

さらけ出したら、うまくいった40の欠点

スリムクラブ
内間政成

ダイヤモンド社

等身大の僕で生きるしかないので

はじめに

欠点だらけの自分を受け入れられるようになるまで

僕は欠点だらけの人間です。
そしてこれまで欠点を隠して生きてきました。
どうにか自分の欠点が漏れないように、常に鎧《よろい》をつけてきました。
自分の本当の気持ちを誰にも明かせない。それがキツかった。
悩みました。ずっと悩みました。

しかし、ある事件をきっかけに、僕は自分の欠点を受け入れることができるようになりました。
というか、受け入れないと前に進めなかった。

正面から自分と向き合い、自分の欠点を直視しなければ、僕はこのまま消えていってしまうのではないかと不安でした。

だから、欠点を欠点と認め、それをさらけ出して生きていくことにしたのです。

すると、どうでしょう? ふしぎなことに、物事が良い方向に流れ出しました。

欠点を受け入れ、それまで身につけていた鎧を脱ぐことで、僕はありのままの自分でいられるようになったし、無理に背伸びをしないで等身大の自分でいることがこんなにも気持ちよく、こんなにも楽なことをはじめて知ったのです。

僕は、2003年に吉本興業に所属、そして2005年にスリムクラブを結成したお笑い芸人です。スリムクラブは2007年に「エンタの神様」に快物フランチェンで出演(僕はナレーションのみ)、2010年にはM-1グランプリで準優勝もしています。

このような成功は、全て相方(真栄田賢《まえだけん》)の力だと思っていました。

僕は相方の足を引っ張っているだけだと思っていたのです。

それだけ自分に自信がなかった。

自信がないから、誰に対しても素の自分を見せずに、いいところを見せようと見栄を張る自分がいました。

そんな僕に対して、相方は、「内間は内間でいいんだよ」と言い続けてくれました。なのに、僕はどうしてもその言葉を信じることはできませんでした。


そんなとき、あの事件が起きました。

２０１９年に世間をお騒がせした「闇営業問題」です。

事件が発覚したその日、僕は吉本の本社に呼び出されましたが、何が問題なのか、最初は全然分かっていませんでした。会社を通さずに受けた仕事は、今でこそ「闇営業」と呼ばれていますが、僕らは「直営業」と言ってました。ごくたまに仲間の芸人から「どこどこのパーティでちょっと余興してきて」と頼まれたら、普通に引き受けていたのです。個人的にバイトしているのと一緒、という感覚だったからです。

ところが、呼ばれた先に反社の人がいたのです。もちろん、僕たちはそんなことは知りません。知ってたら当然、行きませんでした。でも、行ってしまった以上、知らなかったでは済まされない。そのことは、あとになるほど分かってきました。

その日から、テレビのワイドショーは闇営業問題一色になりました。僕は恥ずかしくて自分を直視できず、テレビを見ないようにしていました。

すると、嫁がそれに腹を立てて、「もっと自分と向き合え」と言って、ワイドショーの録画をこれでもかと僕に見せたのです。ほぼ全てのワイドショーの録画を見せられたんじゃないかと思います。

番組では、上半身裸の僕が千円札をくっつけて作った首飾り（ハワイのレイのようなもの）をかけているたった1枚の写真を、上から横から斜めから下からなめるように何度も映していました。現場の「絵」がそれしかないからです。醜態《しゅうたい》をさらした自分の姿を見るのは、正直かなりキツかった。

だけど、見るしかありません。

それは他の誰でもない、僕の真実の姿です。

「映像が残ってるし、全国に流れて、もうどこにも逃げ場はないよ」「自分と向き合って反省するしかないでしょ」と嫁に言われて、返す言葉もありませんでした。

事件が発覚してから3日目くらいのとき、知人が心配してくれて、「気分転換にうちに遊びにおいでよ」と声をかけてくれました。家に閉じこもっていてもしょうがないから、家族で出かけようと家を出たとたん、見知らぬ男の人が2人駆け寄ってきて、目の前30センチくらいの近距離でパシャパシャとフラッシュを焚かれました。その瞬間、自分は犯罪者なんだ、もう普通の生活は送れないところまで落ちてしまったんだと思って、目の前が真っ暗になりました。


家の前にメディアの方が張り込みをしていて、アポ無しで突撃されるなんて、テレビの世界の話だと思っていました。それが自分の身に起きたことにビックリしてしまって、怖くなりました。

週刊誌の記者の方に「今どういったお気持ちですか?」と聞かれて、僕は小走りに逃げてしまった。一緒にいた嫁と娘を守らないといけないのに、自分が先に逃げてしまったのです。

何とかタクシーを拾って、3人で知人宅に向かったのですが、あの日が一番心を揺さぶられました。

嫁にはこっぴどく怒られました。まず「なぜ逃げるの？」、そして「原因はあなただよね」と。まだ僕は、自分の弱さと向き合いきれていなかったのでした。落ちるところまで落ちて、やっとそのことを自覚しました。

事件発覚後、相方とは毎日電話をしました。相方の方からかけてきてくれるのです。相方は何か問題を起こしたり、苦しんだり、違和感を覚えたりしたときは、「なぜこんなことをしたんだろう」「そのときどういう気持ちだったんだろう」と、自分自身と向き合う癖がついています。だから、そのときも、お互いに不安に思っていること、心の内にたまっていることを吐き出して、現状を変えていこうと話していました。

その話し合いの中で見えてきたのは、僕が直営業の仕事を受けていたのは、自分に自信がないからだということです。

自分は無能で、たいして稼げない。

だから、稼げるときに稼がなくてはいけない。小銭でも何でももらえるものはもらって、少しでも生活の足しにしたい。

それが個人的に営業に行っていた一番の理由でした。そこに大きな落とし穴があった。今ではそれが分かります。


相方との絆は、今回のことで、今まで以上に深まりました。

前よりずっと、素直な気持ちを伝えられるようになりました。

以前の僕は、無理して自分の感情を伝えてこなかった。自分の弱さを見せたくなかったので、やせ我慢していました。でも、この問題をきっかけに、「今ちょっとキツいっす」とか、そういうことを言えるようになりました。


今でも自分に自信があるわけではありません。ただ、落ちるところまで落ちて、ありのままの自分でしか生きていけない、ということは感じました。そして、自分が見落としていたこともたくさんあったなと思ったのです。

「どうせ自分なんか……」と卑下《ひげ》しているのは自分の方で、こんな自分のことを喜んで見てくれる人もいる。ありのままの自分、というと、全く努力しないように聞こえるかもしれないけれど、そうではありません。ありのままの自分を100パーセント出し切りたい。逃げたい、隠したい、見栄を張りたいという気持ちを受け入れて、等身大の自分の精いっぱいを出したい。そういう気持ちになりました。

昔からの仕事関係の知り合いと話をして、直営業に対する考え方も変わりました。営業先に反社の人がいたことが大問題なのは僕でも分かります。それについてはものすごく反省しています。ただ、直営業ってそんなに悪いことなのかな、と思ってしまう自分がいました。だいたい「どこかのパーティで余興をやってくれないか」という感じで誘われて、ホテルの宴会場なんかに出向いて、ネタをやって帰ってくるだけなので、軽く考えていたのです。

その方は、こんな話をしてくれました。

「もし、お前たちが会社を通さず直営業したその辺の場所で、2ヶ月後に別の芸人が営業すると告知してたら、集客率はどうなると思う？　思うように人が集まらないかもしれない。それって、会社に迷惑かけてることにならない？」

そのとき、僕ははじめて理解しました。誰にも迷惑かけてなかったつもりでしたが、知らないところで迷惑をかけていたかもしれない。あの出来事をきっかけに、独り善がりだった自分に気づけたのです。

それともう一つ、大事な気づきがありました。

個人で仕事を受けてしまうと、相手がどんな人かなんて、自分ではいちいち調べられません。相手に反社の人がいるなんて発想が全くなかった僕は、認識が甘すぎでした。お金がからんで誰かと繋がる。そこに、あやしい人が紛れ込んでいるかもしれない。そんなことは、考えたこともありませんでした。でも、会社を通せば、そうした危険から自分を守ることができる。それで会社にお世話になっている。それも今回はじめて知ったことでした。

だから今では、どんな仕事も会社を通して受けるようにしていますし、個人的に誘われたときも、会社に伝えるようにしています。

事件そのものは最悪で、二度と繰り返さないと固く心に誓っていますが、あの出来事がなかったら、今の僕はなかった。それくらい、僕の中では大きな出来事でした。

あれ以来、僕は「どうせ自分なんか」と尻込みしたい気持ちを否定せずに、不器用な自分、欠点だらけの自分をさらけ出せるようになりました。それによって僕がどう変わったか。それは、この本を読んでもらえばきっと分かります。


そもそも欠点とは何でしょうか？

人に迷惑をかけている？

常識から外れている？

皆と足並みを揃えることができない？


色々考えましたが、決定的な答えは出ませんでした。

しかし、一つだけハッキリしているのは、それを欠点だと決めつけたのは、自分自身だということです。

そして、そう決めつけてしまったのは、自分がそのときに「怒られた」「気まずい」「恥ずかしい」などの感情の記憶が、自分自身に刻み込まれたからだと思います。


この本では、昔の僕が思っていた自分のあらゆる欠点をさらけ出しています。読者の皆さんの中に、僕と同じように悩んでいる方がいたら、きっと「そうそう！」

「あるある！」と思ってもらえると思います。

この本を読んで、僕の失敗を笑い、僕がそれを受け入れてどう変わったかを知った人の中には、気持ちが楽になったり、前向きになれたりする人がいるはずです。

人は誰でも欠点を持っています。それをさらけ出すのは、怖いですよね？　嫌ですよね？　隠したいですよね？　気持ち、分かります。僕もそうでした。

でも、心の底では気づいていました。欠点を隠すことで、自分の心に負担をかけ、ストレスを溜めているということに。それをやめれば、精神的に楽になるし、自由に羽ばたける。分かっちゃいるけど、自分をさらけ出す勇気はない。そこには大きな壁が立ちはだかります。

であれば、こう考えてみるとどうでしょうか。今から自分を変えるのは難しい。だったら、受け入れるほうがずっと簡単だ、と。

自分のこんなところを変えたい。だけど、いくら変えようと思っても変えられなかった。そうして澱《おり》のように残ってしまったのが、自分の欠点だと思ってないでしょうか。だとしたら、それを今さら消し去るなんて、とうてい無理な話です。だったら、それを受け入れて生きていくしかないですよね。

そして、自分で欠点だと決めつけて否定していたものを、いったん受け入れてみると、ふしぎなことに、そこに愛着がわいてきたりするのです。

ただ、こんなふうに欠点をさらけ出すことに成功したかのように言っていますが、今でも欠点を隠そうとしてしまう瞬間も多々あります。それでもいいと思っています。それも含めて、それらの欠点をさらけ出そうとする姿勢が大切だと思うのです。

始めるときに肩に力を入れる必要はありません。

等身大の自分でいることは、ストレスフリーなのですから。

２０２３年2月

内間政成

目次

〈第2章〉 **僕は人をイラつかせる**

〈第3章〉

僕は恐れ過ぎている

〈第4章〉 僕はすぐ調子に乗る

〈第5章〉 **僕は怠け者**

〈第1章〉

僕はカッコ悪い

広いおでこを出したら、可愛がられるようになった

僕は自分の広いおでこが大嫌いでした。でも今ではそれが自分らしいおでこで、好きになってきてます。

僕のおでこはかなり広いです。おでこに自分の手のひらを横に当ててみると、余るほどの広さです。自分でもビックリするのが、顔に対するおでこの比率は幼稚園の頃から変わっていないことです。その頃は特別意識はしていませんでしたが、成長し、様々な人のおでこに出会うにつれ、自分のおでこが変だと思うようになり、恥ずかしくなってきました。

人と会話するときも相手の目線が気になります。この人、僕のおでこを見て引い

ているよな。かわいそうだと思っているよな。

そして「どうにかして隠したい」と思うようになったのは、高校生の頃です。それまでは丸刈りが伸びたようなヘアスタイル。自ずとおでこが主張されます。

そこで僕が取った策は、できる限り眉を上げる表情を作り、おでこを狭めることです。今思い返してみると不気味な表情です。常にビックリしている表情なのですから。

その反省を活かして髪を伸ばし始めました。ただ伸ばすのではなく、おでこを隠すのが目的なので当然前髪を意識しました。そこで取り入れたのが、「マッシュルームカット」です。鏡に映っている自分の姿を見て感動しました。おでこの存在が皆無だったからです。もう表情を作らなくてもいい。穏やかな人生のスタートです。

そしてまた運が良いことに、当時は絶大な古着ブームでした。マッシュルームカットにフレアパンツの僕を見て、お洒落《しゃれ》だと思われるようにもなりました。それを機にファッションに執着し始めます。生まれて初めて手に入れた武器。嬉しさで有頂天になっていました。

そして時が流れ、ヘアスタイルは更にエスカレートしていきました。カラーリング、そしてパーマにも手を出したのです。お洒落に長けている人が通う美容室でカラーリングとツイストパーマをかけました。

するど僕に、サッカー元コロンビア代表のバルデラマのようなワイルドさが加わりました。満足でした。でも時間が経つにつれパーマは落ちるものです。大学生の身の僕には、頻繁《ひんぱん》にパーマをかける財力はありません。でもこれをキープしなければならないという恐怖心はどんどん強くなっていきます。どうにかならないものか。考えよう。あっ、あれがあるじゃないか。それは、スーパーウルトラハードスプレーです。魔法のように一気に息を吹き返しました。僕はますます自信がついていきました。もっと求めよう。バイクを買いました。レトロなスタイルのスズキ「コレダスポーツ50」。今の僕に合っています。それにまたがり頻繁に「みんな、俺を見てくれ！」と繁華街《はんかがい》を駆け抜けました。気分はマックス上々です。

でも一つだけ問題点がありました。それは「ヘルメット」です。当然かぶらなくてはなりません。でもそれをしてしまうとセールスポイントが破綻《はたん》してしまいます。だから僕はヘルメットを脇に抱えて運転していました。せめてもの「ノーヘルじゃありませんよ」という謎のアピールです。誰がどう見てもノーヘルなのですが。発覚するのは時間の問題です。はい。白バイ隊に捕獲されてキップを切られました。沖縄の街で、「お兄さん、ヘルメット持ってるさー。何でかぶらんの？　もったいない」と、不思議そうに尋問する白バイ隊員の表情を今でも忘れられません。

僕のヘアスタイルは自分の欠点を隠すという偽装工作でした。このネガティブ精神スタートの行動は必ず崩壊します。

ある日の飲み会での集合写真。現像された写真を見て目を疑いました。僕の頭《とう》頂部《ちょうぶ》に穴があいていたのです。何度も見直しました。やはり穴です。まさか頭頂部がとは。おでこばかりに気を取られて、完全にノーマークでした。「頭隠して尻隠さず」です。髪が抜けている。一気に力も抜けました。もうためす術はありません。もう諦めよう。鏡に映っている自分に向かって「受け入れよう」と決心しました。どうしたらこの自分を受け入れられるのか？　僕の中では、もう答えは決まっていました。右手にバリカンを握っています。「バィーン！　バィーン！」と、バリカン音だけが静かな部屋に響き渡りました。頭も心もスッキリしました。鏡の中のツルツルのおでこをただぼんやり眺めていると、「俺も頑張っているな」と少し愛《いと》おしくなりました。

そしてこのおでこは「ただの内間の一部のデザイン」なんだと思えるようになりました。そしてこのおでこを、恥ずかしがらないとならないと決定していたのは、自分自身だと気づきました。別に他人に僕のおでこに対して何か言われたわけではありません。

人間は、行動することによって慣れていくものです。僕もどんどん慣れてきました。今では顔面丸出しです。卑猥《ひわい》と言われることもありますが、それも楽しんでいます。そして何よりも得をするようになりました。

ネタで相方は僕のおでこを「パーン！」と叩いてツッコミます。そのときの音が素晴らしく心地よく響くのです。営業先では子どもたちが喜んで、チャンスがあれば僕のおでこを叩きに来ます。たまに、子どもたちだけでなく、青年や中年男性も来ます。色々な人に叩かれるときに繋がりを感じ、何とも言えない幸せを感じます。とにかくこのおでこのおかげで、喜びが増えました。

ただ僕は、「おでこを受け入れた」だけです。

僕の腕の毛を女性が触ってくれるようになり、おいしい思いをするようになった

僕の悪い癖は、すぐ他人と比べてしまうことです。そして他人と比べてしまうと必ず自分の方が劣っていると思ってしまいます。でも分かってきたのは、どんなに不満なことでも受け入れることができれば、それまでが幻だったかのように不満が消えていくということです。腕の毛もそうでした。

僕の腕の毛は、長くて濃いです。そのことを認識し始めたのは、小3の頃です。明らかに他人と形態が違いました。でもまだ中1の頃までは良かった。なぜなら産《う》毛《ぶ》だったからです。社会人でいうとまだ試用期間で半人前です。しかし優秀だったのでしょうか。その後、本採用になってしまいました。そうなると一気に羞恥心《しゅうちしん》に

襲われ、いつもの隠蔽《いんぺい》願望が生まれます。

そんなときに週刊誌の広告で知ったのが「パパイヤ成分」。この成分は毛根を破壊し、毛の成長を止めるため、脱毛に適しているそうです。早速この成分が入っている脱毛液を購入し、丹念にたっぷり両腕に塗りました。そして美肌になった自分をワクワクと想像しながら時を待ちます。しばらくすると脱毛が始まりましたが、予想以上にまばら。思てたんとちゃう！　でもまっ、こんなもんかと、放置してると数週間後に悲劇が起きたのです。それは、もしかしたら「パパイヤ成分」が毛根の栄養になったのかもしれません。まさかの2倍になって戻ってきたのです。

「おー！　神よ！　何という仕打ちだ！」。僕の行為は神への冒瀆《ぼうとく》だったのでしょうか。でも僕は、これぐらいのことでは諦《あきら》めません。基本に戻って、シンプルに剃《そ》ろう。でも剃るにしても一工夫加えようと、一回脱色してから剃りました。僕の中では、「念には念を」という気持ちでしたが、それを聞いた人たちは口を揃《そろ》えて、「脱色いらんだろ！」と言います。でもとにかく一安心です。

思い返してみると、僕は毛に悩まされてばかりの人生でした。脇の毛や下の毛もそうです。僕は成長が早く、下の毛は小5の頃に顔を出してきました。

そんなときに訪れたのが宿泊研修。かなり楽しみでしたが、一つだけ不安なことがありました。それは集団入浴です。果たしてみんなのはどういう状態なのだろうか。でも劣等感のある僕は聞けない。何となく探ってもいまいち把握できませんでした。

どんどん当日が迫ってきて、不安も高まっていきます。そしてとうとう前日。僕は賭けに出ることにしました。よし、剃ろう。僕は少し緊張しながら、親父が髭剃《ひげそ》りのときに愛用しているT字剃刀《かみそり》で剃りました。親父に謝らないといけませんね。

そして身軽になった僕は当日入浴に臨むのですが、そこで自分の決断が裏目に出たことを思い知らされることになります。それは、みんなのは自然でうっすらなのに対して、僕のは人工的で綺麗過ぎたのです。大浴場の高窓から差す月明かりで輝くほどでした。ただ幸いなことにみんなはしゃいでいたので、そのことを指摘する者は誰もいませんでした。

それを経て中学生になった僕は、バスケ部に入部しました。楽しく順調に過ごしていたのですが、初めての練習試合のときにあることに気づきました。それは、練習ではTシャツを着るのですが、試合ではユニホームを着なければならないということです。

ユニホームはタンクトップ。ということは、僕の脇がお披露目《ひろめ》になります。それはマズイぞ。部室での着替え中に、こっそりみんなを確認してみると、みんなの脇は抽象画なのに僕のは具象画です。試合でいうとダブルスコアもの差があります。それが洩《も》れてしまったら絶対にからかわれる。どうにかしなければ。でも今の僕に何ができるのか。とうとう試合が始まり、僕も出場することになりました。とにかく試合に集中しよう。しかしそれができない。上の空の僕の動きに顧問からは指示が飛んできます。

「内間！　ハンドアップしろ！」と。先生、それをしたいのですができないのです。僕にとってその姿勢は、死刑宣告です。もちろん分かってもらえません。シュートチャンスでボールを貰っても迷わずパスを出します。何点損したでしょうか。もはやこれはバスケではなく、脇を見せないゲームです。でもとうとう恐れていた場面が訪れてしまいました。どう考えてもシュートを打てるのは僕だけなのです。仕方なく打ちました。でも、打った瞬間、すぐにシュート前の姿勢に戻る超クイックモーションで。「何だ、そのフォームは！　誰が教えた⁉」と顧問の怒号が響き渡りました。試合には勝ちましたが、僕のプレーは散々で、その上僕の隙を見逃さなかったメンバーがいました。その日から僕のあだ名は、ウチマ＋ワキで「ワチマー」になりました。

こんなふうに自分のネガティブな部分を隠しながら生きていっても限界があります。自然には勝てないということです。腕の毛だってそうです。あんなに完璧に処理したはずなのに復活してきます。しかもパワーアップして。それを見て僕は疲れました。ありのままで生きてみたい。ただここで一つ言いたいのですが、決して脱毛を否定しているのではありません。僕のようにありのままの自分を受け入れずに隠蔽に走るのは生きづらいということです。

僕はこの毛と共に生きてみたいと思いました。そう思えると不思議ですね。自分を否定していたのはまぎれもなく自分自身で、それは自分自身に決定権の力があるということです。

そう思えるようになると現実も変化してきました。僕の腕の毛を喜ぶ人が増えたのです。キャバクラでもそうです。

「何？　この腕毛！　すごーい、ふさふさしている！」と平気で触ってきます。そしてたまに少し延長もしてもらえます。

だから僕はたまに「ありがとう」と腕の毛を撫でてあげています。

筋力がないことで、優しくしてもらえる

昭和生まれの僕は、男性は男らしく女性は女らしくあれと教えられてきました。しかし最近では、ジェンダー問題が加速し、性別を超えた平等が求められています。僕にとっては、とても好ましい時代がやってきたと思っています。なぜなら僕は男らしくないからです。ちなみに僕が思う男らしくとは、筋力や統率力がある人です。僕にはそれらが欠けています。

45歳の僕は、これまでの人生で自分の筋力を感じたことがありません。学生時代はかなりスポーツをしてきたのですが、それでもありません。体育の鉄棒では、筋力は必要ないと聞いたことはありますが、逆上がりをしたことがありません。ほと

んどの人ができているのに自分ができないと惨《みじ》めになりますね。

腕相撲も同世代には、勝ったことはありません。「には」というのは、二回り以上下の年齢の人には勝ったことがあるという意味が含まれています。ある時期には、憧れの筋力を手に入れるためにジムに通ったこともありましたが、自分を統率できない僕は、少し汗ばんだら帰るという無駄使いをしてしまい、次第に通わなくなりました。そして、もうジムに通うことはないと思っていたのですが、42歳の頃にご縁がありパーソナルジムに通うことになりました。あのパーソナルジムですよ。常にパートナーが側にいるので、自分を統率できない僕にとって最高の環境です。再三発破《はっぱ》をかけてもらい頑張りました。また筋トレだけでなくプロテインも取り入れました。ところが一向に筋力が付きません。どうしてだろう。そんなときにトレーナーさんが急に、「内間さんって、ハードゲイですね」と言ってきたのです。耳を疑いました。こういう話題に敏感なこの時代にこの人は何を言っているんだ！　と、目が点になりました。そして、そう見えたかもしれませんが違いますと否定もしました。

しかし実は僕の聞き間違いで、実際は「ハードゲイ」ではなく「ハードゲイナー」と言ったそうです。そしてその単語は、筋肉が付きにくい人のことを言うらしいです。ただ、筋肉が付かないということではありません。じっくり時間をかけていけば問題ないのですが、僕はまた自分の欠点を見つけてしまったという気持ちになり落ち込みました。

僕は、こういった外見的欠点だけでなく内面的欠点にも悩まされてきました。

僕には統率力がありません。いわゆる仕切れません。異常に仕切れません。どんなに小さなコミュニティ、例えば、家族でさえも仕切れません。いつも嫁が仕切ってくれます。そんなときに自分の無力さを感じ悲しくなります。

そもそも仕切れない性格なだけと言われればそれまでですが、僕には「一家の大黒柱」のイメージがあります。大黒柱が中心となり家族という船の舵を取るという。だから僕は無理してでも頑張って仕切ってみようと思いました。

ある日、僕が率先して夕ご飯を作ることを提案しました。それを聞いた嫁と娘は、そんな珍しいこともあるんだねと喜んでくれました。早速準備に取りかかりました。

さて何を作ろう、買い物にでも行こうかなと考えていると、そこに嫁が「冷蔵庫の中にも材料があるから、使えるのがあるなら使ってね」と言ってきたのです。

そのとき僕は、「はっはーん。そっちの方が冷蔵庫も整理ができて喜ばれるな」と思い、冷蔵庫を開くとそこで野菜と魚を見つけました。使えそうだな。また、その日はかなり寒かった。ということは、鍋にしよう。迷いがありません。気持ちも乗ってきました。味付けは素材の味を活かして薄味にし、ポン酢でさっぱりと頂く鍋。我ながら完璧です。

そして家族で鍋を囲んで、いざオープン。イエーイ！　ところが、中身を見た嫁の表情がガラリと変わりました。そして静かに、「この魚は何？」と言ってきたのです。有頂天の僕が自慢げに「冷蔵庫にあった魚」と答えると、嫁が「何でそれを鍋にするのー!!」と高らかにブチギレたのです。僕の中ではその質問に対する答えは「魚だから」でしたが、誰がどう見ても言える状況ではありませんでした。

理解不能の中、よくよく嫁の話を聞いてみると、その魚は高級な銀ダラで、煮付けにしようと考えていたそうです。とにかく嫁は怒っています。でも取り返しがつかない。何も言えずにいると、突然そこに当時6歳の娘が入ってきて、「パパを怒らないで。パパはただできないだけだから」と言ったのです。複雑でした。助け舟に引導《いんどう》を渡された感じです。でもそのおかげで空気が和み、銀ダラ鍋を食べ始めることができました。

こういう経験を経て感じたことは、無理は良くないなということです。好きで男らしくを発揮するのは構いません。ただ無理をすると良からぬ結果が舞い込みます。僕はある時期から男らしく生きるのを手放そうと思いました。では何らしく生きるのか？　それは自分らしくです。僕の場合は、内間らしくです。内間らしくとは物事に対して適当に生きることです。

先日、家族でキャンプに行きました。仕切りは当然、嫁。キャンプの場所決め、キャンプ用品の準備、食事の買い出し、テント設営、キャンプ場までの運転、全て嫁がしました。

あっ、でも僕の名誉のために言いますが、一つ仕切りました。それは、キャンプ場の駐車場からテント設営の場所まで車で行かなければならないのですが、その道路の幅がかなり狭いのです。しかもバックで運転しなければなりません。そこは僕が、車の後ろに回り「オーライ！　オーライ！」と誘導しました。

どうですか？　男らしくないでしょ？　でもこれが僕らしくなのです。そして仕切るのが好きなのが、嫁らしくなのです。

それぞれが素直に「らしく」で生きるのが、幸せではないでしょうか。

ちなみに、早速家族で「必ず来年もキャンプに行こう」という話になっています。

知らないことが多過ぎるけれど、そのおかげで盛り上がったり、皆が教えてくれる

当然、知っていることが多い方が、より人生を豊かに生きられると思います。しかし、知らないのにもかかわらず知っているふりをすると、人生が重苦しくなります。これは当然のことだと思うかもしれませんが、それをしてしまうのが僕でした。では、なぜそれをしてしまうのか？　それは「思い込み」が原因です。でも、それを紐解くことによって何を大事にして生きたいのかを知り、より豊かに楽に生きられると思います。

僕は知らないことが多いです。昔からそうでした。元を正せば幼少時代の我が家での情報が乏しかったのが始まりだと思います。

僕は6歳から15歳までテレビを見ていません。テレビ禁止でした。原因は僕の視力低下です。それは幼稚園の健康診断で判明しました。そしてお袋が、テレビは目に悪いという情報を聞きつけて、そういう結末になったのです。

お袋は根っからの健康第一主義者で添加物を憎み、自然を愛する女性です。だから僕は、家族で外食をしたことがありません。

一度、僕と弟があまりにもマクドナルドに行ってみたいと駄々をこねたので、渋々家族で行ったことはありますが、お袋だけは何も注文しませんでした。そして、恨めしそうに僕らの食べているチーズバーガーを覗き込むのです。

かなり緊張感がありますよ。食べ辛く、三分の一は食べましたが、リタイアしました。このような出来事はありましたが、1カウントに数えることはできません。

そんなお袋にとって僕の視力低下は、まさに有事です。そしてすぐに対策に取りかかります。その気持ちはありがたいのですが、一度思い込んだら吟味せずに突き進む性格なので、かなり戸惑います。

まず手始めに行われたのは、マッサージです。幼稚園から帰宅するとすぐさま、お袋に首根っこを摑まれ横にさせられ、こめかみをマッサージされます。マッサージと言えば聞こえは良いのですが、その行為はマッサージとはほど遠いものでした。お袋の右手人差し指を第二関節で曲げ固定し、グリグリと僕のこめかみにめり込ませます。シンプルに痛い！　それを伝えるとお袋は、効いていると思い込み、更に力を発揮するのです。だから僕は小一時間毎日無言を貫き通しました。

他にも食生活が変わりました。自然食というベースは変わらないのですが、そこに「鰻の胆嚢《たんのう》」が加わったのです。それが目に良いと、恐らく信頼を置いているナカヤマのおばちゃんから得た情報だと思うのですが、毎日刺身屋さん（沖縄では魚屋を刺身屋という）でそれを買って来ました。ただそこで鰻の胆嚢のみしか買わないので、かなりの偏食家族だと思われていたかもしれません。それよりも、幼稚園児におかずが鰻の胆嚢っていうのはかなりキツイです。確か生だったと記憶しています。それは苦くて原始人でも無理だと思っていました。

そして第三弾が、テレビ禁止なのです。小学生にそれは過酷でした。学校では「昨日○○見た？」とテレビの話題ばかりです。その場に参加はしたいのですが、積極的にはできません。でも、見てないとも言えないので、「あー、はい、はい、あれ面白かったね！」とドキドキしながら見たふりをしていました。そうしないと、除け者にされ嫌な思いをすると思い込んでいました。

当時は、「8時だョ！全員集合」や「オレたちひょうきん族」が流行っていました。そして同じ時間帯だったので、どっちを見たかと、前者派と後者派に分かれていました。だから僕はそれを利用して、前者派の前では後者派、後者派の前では前者派を装って情報を収集し、他で話していました。

ただ、強敵なのはザッピングをして両方見ている友達です。その場合は、「両方見るって器用だね」の話題を膨らませて難を逃れていました。こんなふうに誤魔化しでも、何とか通用してきたと理解したのでしょう。だんだん反射的に「ふり」をしてしまう生き方をしてしまいます。

今でも忘れられないのが高校2年のときです。友達の家でご飯をご馳走になりました。そのときのメニューは「水炊き」。僕はそれを一度も食べたことがなくて、存在自体も知りませんでした。しかし反射的に、「うまそう。久しぶりに食べるなー」と言ってしまったのです。そして鍋の中の具材を器に盛り、そのまま食べました。不味い！　味がない！　当然です。ほぼお湯の味なのですから。それを見ていた友達が不思議そうに、「お前珍しいな。ポン酢使わないいんだ？」と言ってきたのですが、僕は「お前の方こそ珍しいな。オレはずっとこの食べ方だよ」と強がってしまったのです。もう突き進むしかありません。かなりの量を食べましたが、最後までポン酢を手にしなかった自分に感服です。

今振り返ると僕は、「知らない」ということがかなり惨めなことで、そのことがみんなに洩れてしまったら、とんでもない差別を受けると思い込んでいました。だから頑張って、知っているふりをし、みんなと一緒感を保とうとしていたのです。でもそれはあくまでも「ふり」で嘘です。また、こういう行為をすることで成長すると思い込んでもいました。果たしてそうでしょうか？　疲れました。少し冷静になり、極端かもしれませんが、自分に国籍がないという気持ちで自分のことを見つめ直して見ると、ある気づきが生まれました。「俺は、小さいコミュニティで、たまたま得た知識だけで生きているな」と。そこで僕は、自分とってはタブーの「知らない」を告白してみようと思いました。

芸人になってからの話ですが、子どもの頃好きだったお笑い番組の話題になりました。僕の世代は、ほぼほぼ前述した番組です。僕は勇気を振り絞って、「見てないので知らない」と告げたのです。すると、僕が恐れていたことは何も起きなかったのです。それどころか、「信じられない！」「じゃあその時間何してたの？」「それはある意味貴重だよ」と盛り上がったのと同時に、色々教えてもらえたのです。

何て素敵な世界なんだ。不思議な感覚でした。だから僕は、自分の中にある真実をもとに素直に生きることが、幸せだと思います。そして僕は、これからもこの精神を軸に生きたいと思います。

あっ、それと報告が遅くなりましたが、お袋のおかげで視力が０・５から２・０まで上がりました。

肩こりが酷《ひど》いおかげで、
月一のマッサージは極上の至福

日常生活において苦痛はできる限り避けたいですね。でもそれが難しいこともあると思います。その場合、その苦痛と共に生きていかなければなりません。でもそんなとき、どのような心持ちで生きていけばいいのでしょうか？　それは「苦痛のおかげ」で、得た物を見つければいいのです。このような思考で生きることができれば、苦痛を愛することができ、共に生きていけます。それは間違いないです。ただ、なかなか難しいことだとは思いますが、なぜ僕がこんなにもはっきりと提案したかと言いますと、それは自分自身に言い聞かせるためです。

僕にとっての苦痛は、肩こりです。20歳の頃からずっと強烈にこっているので、かれこれ25年です。肩こりの原因は、主に「同じ姿勢」「眼精疲労」「運動不足」「ストレス」らしいですが、個人的には「煙草」だと思っています。

僕は、吸ったりやめたりの繰り返しでしたが、初めて吸ったのは中2で14歳の頃です。そういう中学でした。放課後の遊び場が墓地です。しかも他人の墓地だったのでバチ当たりな行動をしていたと思います。申し訳ございませんでした。そこで仲間は煙草を吸うのですが、僕はバスケ部で、吸うとスタミナが落ちると思っていたので、高校生になったら吸おうと決めていました（それもどうかと思いますが）。だからどんなに勧められても吸いませんでした。

しかしそれが崩れることになります。当時流行っていたのが、江口洋介さんの吸い方。煙を少し口から流線型に出し、カメレオンの舌のように素早く吸い込むのです。カッコイイ！　かなり我慢をしてましたが、僕も江口さんをやってみたい。みんなが僕を見ながら江口さんをしてきます。もう限界だ。とうとう僕も江口さんに手を出してしまいました。

そして恐る恐る咥《くわ》えたのが、マイルドセブンライト、通称マイセンライトです。

少しの高揚感の中、江口さんを想い浮かべ吸い込みました。「オェー！　ゲホ！　ゲホ！」何でこんな不味《まず》い煙が吸えるの⁉　信じられませんでした。しかし、明らかに体は拒否してますが、江口さんになりたいという気持ちの方が勝ってしまい、がむしゃらに吸い続けました。

でも味をなかなか受け付けません。そこで友達が「甘いハッカ系もあるよ」と言ってきたのです。味変ですね。それはセーラムという煙草でした。

確かにハッカ系で口の中はスースーしましたが甘くはありません。どちらかというと好みではありませんでしたが、貰いタバコだったので、頑張りました。何本目だったでしょうか。とうとう江口さんができたのです。できたはずです。というのも当時ケータイがないので自分の映像を確認できないのです。だから友達の「江口さんだ！」と言う言葉を信じたいです。とにかく、やったぜ！　と、ホッとした瞬間です。デビュー戦で短時間で何本も吸ったんですよ。吐きました。本日の給食のお好み焼き風です。ちなみに給食は、ジューシーでした。オレは一体何をしているのだろうと思いましたが、これがきっかけで吸い始めることになったのです。

特に高校を卒業してからの浪人時代には、かなり吸いました。煙と共に起き、煙と共に寝るという生活でした。そしてこの頃に体に異変が起きたのです。それは、煙草を吸うと目眩《めまい》がして意識が飛びそうになるのです。問題発言かもしれませんが事実です。だから恐ろしくなり、煙草をやめたのですが、その代わり、やってきたのが肩こりです。それが僕の肩こりの始まりです。ただ僕は、煙草が悪だとは思っていません。煙草のおかげで、コーヒーやお酒を美味しく頂けましたし、ストレス発散にも最適でした。でも僕には合わなかったということです。

話を戻します。肩こりの方は分かると思いますが、肩こりの症状は天候で変わります。雨が降る直前や天気が悪いときは、圧迫感が加わりしょうがありません。今では更に敏感になっているので、気象予報士に向いていると思います。

僕はどうにかして肩こりが改善されるのを望んでいましたが、マッサージ、整体、ストレッチ、骨盤矯正など様々試しましたが、一向に改善されませんでした。悔しいですが、今後もどうなるか見当もつきません。それを悟ったときに「この中でどう生きよう」と思ったのです。状態が変わらないのならどう生きるか？　振り返ってみました。

　すると、肩こりの中、唯一の楽しみはマッサージだということに気づいたのです。なら、それを軸に生きてみよう。と、割り切った途端不思議ですね。すぐに、僕の中で世界一のマッサージ師と出会うことができたのです。そこまで安くはないので頻繁には通えませんが、そこで施術をしてもらえるときは、極上の至福を感じます。

　そして今では、肩こりが酷ければ酷いほど、来るべき極楽を想像しながらニヤけるほどにまでなりました。そしてそれは、僕の「肩こりのおかげ」です。そう考えると今、あることに着目し、そして「この材料で楽しく生きるには？」と自分に問いかけることが大切だと思います。そしてそれで出た自分なりの答えに向かって楽しく進むときに、改めて「〇〇のおかげ」に気づくと思います。

「甘えて生きたい」僕は一人暮らしをしたことがないので、生活費が浮く人生

生きていく上での必要不可欠な出費は家賃だと思います。しかも、それを稼ぐために働く人も多いと思います。

あと東京の家賃は高いですね。不動産屋を覗くと毎度驚きます。何ですか⁉　敷金、礼金、管理費、頭金って⁉　言ったらキリがありませんが、僕はこういった問題を避けてきました。そしてこれからもそうだと思います。なぜなら僕の根本的な精神は、「甘えて生きたい」からです。無責任だと思うかもしれませんが、僕はこの生き方を大切にしています。

僕は45歳になりましたが、今まで一度も一人暮らしをしたことがありません。学

生時代までは実家があったので、そこで暮らしていましたが、25歳の頃に東京NSCに入学するため、上京する決意をしました。当然住まいが必要です。ただ僕は、持ち金があまりありませんでした。具体的にいうと20万円で、このお金を有意義に使って生き延びたいという気持ちでした。

さてどうしよう。そして、ありがちな流れだと思いますが、友達と連絡を取り情報を収集しました。すると、既に上京していた同級生のイッチャンと連絡を取ることができたのです。彼とは、中、高と一緒で仲の良い友達です。そんな彼の好意で三ヶ月間居候させてもらえることになりました。条件は家賃と光熱費の折半で、それは一人当たり3万2千円+光熱費でした。ありがたかったです。しばらくして、踊る気分で上京したのが、確か3月頭頃でした。まだ寒い時期で、周りは最低でもジャケットを羽織《はお》っていましたが、かなり興奮してテンションが上がっていた僕は、唯一半袖でした。

人間は気持ちで最強になれますね。生まれて初めての単独上京。電車に戸惑いながらも、その戸惑いも楽しかったです。それと上京と言いましたが、実は神奈川の川崎でした。そしてすぐ隣が東京の調布。何てこんなにも隣接しているんだ！という新発見もありました。そして、今でも鮮明に覚えているのが、20時頃にイッチャンと待ち合わせをした京王稲田堤《いなだづつみ》駅の側にあるデニーズです。どちらも初めて行く場所。新鮮で胸が高鳴りました。そして久しぶりの再会。でもお互いの空気感が違い過ぎました。僕がこれからの都会の生活を期待して興奮しているのに対し、彼はかなり冷静なのです。丁寧に生活必需の説明をしてくれます。僕よりも知り尽くしているからですね。それを感じ、「環境で人が変わるのは正にだ」と思いました。そしてこの日から同居生活が始まりました。

彼は忙しかったので、一緒にどこかに出掛けることはほとんどなかったのですが、部屋の中でのお喋りが楽しかったです。それはまるで修学旅行のようでした。食事は当番制でしたが、僕の方が作っていたと思います。

この原稿を書きながら記憶が蘇ってきました。また一つ思い出しました。それは、食事のとき、必ずサラダを食べるのですが、2人でハマったドレッシングがあったのです。それは、京王スーパーで販売されていた、にんにく醤油ベースのドレッシングです。品名は忘れてしまいましたが、当時売り切れが多かったので、どちらかがそれを買ってくると、盛り上がっていました。そんな楽しい時間が続いていきます。3ヶ月、いや、4年続きました。それは規約違反だと思う人もいると思いますが、実は、もう少しで約束の3ヶ月というときに、イッチャンが「内間がまだ新居見つけてないんだったら、まだ居てもいいよ」と言ってくれたのです。即答で「ありがとう!」でした。

なぜなら、居心地が良過ぎて、全然新居を見つけようともしていなかったからです。それで4年です。酷いですね。そしてありがたいですね。僕は甘え続けました。そしてその間に嫁さんと出会うことになるのです。

それはある日、誘われて合コンに参加することになりました。そのとき僕は、男友達は数名で、ましてや女友達は皆無だったので、必死でした。それに加え、田舎者だとナメられないよう、ファッションにも意識しました。僕にある、できる限りの一張羅を選びました。それは沖縄で購入した黒革のロングコートです。後になって嫁が言うには目を疑ったそうです。「夏前に黒革のロングコート!」だと。ただそのコートは破格で安かったので、かなり重かったのです。通常時でも、「雨に打たれて染み込んだのかな?」と思うくらいの重量でした。だから動くのが一苦労でした。

こういった努力が報われたのでしょうか。何と彼女と交際することになったのです。そうなるとデートもします。でもそのときのお会計はほとんど彼女でした。申し訳ないと思ってはいましたが、無理なものは無理で、心の中では、できれば今は「甘えたい」という気持ちが強かったです。

彼女もまた地方出身で一人暮らしでした。そうなるとやはり彼女邸に行きますよね。すると、あんなに居心地の良かったイッチャン邸に居る日が、徐々に減っていくのです。そしてとうとう正式に彼女と同棲することになりました。そのことをイッチャンに告げると、実は、彼は彼で、そろそろ部屋を引き払って沖縄に戻ろうと考えていたそうです。4年間、本当にありがとう。そしてその3年後に彼女と結婚をするのですが、結婚してからも僕が稼げるようになるまでは、ずっと彼女が家賃を払ってくれました。感謝です。それを踏まえて、もしも僕が一人暮らしをしていたのなら、7万円(東京のワンルーム平均家賃)×108ヶ月=756万円+α

（光熱費等）になります。

僕の「甘えて生きたい」という精神を、好きではない方も多いと思います。僕も以前はそうでした。ですが、誰かに「自分に無理をさせ負荷をかけ過ぎる生き方が一番の罪」だと言われたことがあります。そのとき、我に返りました。できる限り素直に楽に生きたいなと。この気持ちの変化のおかげで、気持ち良く甘えることができ、自分にとっての良い現象が自然に現れてきたと思います。

ただ人間は、常に誰かと関わっています。だから自分の意思をゴリ押しするだけではなく、お互いの素直な主張が大切だと思います。これからも僕は、「甘えて生きたい」を大切にしながらも、これだけが絶対的なものではないということを理解しながら生きていきたいです。

娘を教育したことがないので、娘を子どもというよりも一人の人間だと思えるようになった

僕は娘を教育したことがありません。親として失格だと思いますが、それでもやる気がないですし、これからもするつもりもありません。理由は、教育の影響力は絶大で責任を取れないと思っているからです。

それと、人間は性善説だと思っています。生まれてきただけで完璧で、元々優しい生命体です。だからそんな人間に、とやかく加える必要はないと思っています。そうなると本能が目覚め、本来の自分の感覚で健やかに生きられるのではないでしょうか？　でもそうは言っても、生活していく上での最低限のことは、教えなければならないとも思っています。例えば……出てきませんね。僕はそれくらいのレベルです。でも一応は、日本に住むなら日本の税金の義務くらいは教えたいと思って

います。

僕の幼少時代の教育は抑圧の連続でした。お袋にあらゆる楽しみを禁止されました。例えば、野球、将棋、テレビなどです。理解不能ですよね。

それぞれ解説していきますと、「野球は不良がやるもの」「将棋はおじさんがやるもの」「テレビは目に悪い」の理由で禁止になったのです。おかしな話だと思いますが、お袋は僕のことを本気で想った上での行動だとは思います。でもその気持ちを理解しても納得はできませんでした。

またお袋は極度の心配性です。起床して開口一番、「健康のために無農薬野菜を食べなさい！」「交通事故には気を付けなさい！」「電磁波は恐ろしいから近づかないで！」と、対不安に関する行動を語ります。毎日ですから、正直気が滅入ります。一度、お袋から電話あり「今、デパ地下に居るよ」と伝えたら、「地下!? 大丈夫？　危なくない？」と言われたこともあります。とにかくお袋は世の中を危険だと思っており、それを避けるための生き方なのです。

もしかしたらお袋は、戦争体験者なので、それが原因なのかもしれません。でも僕の人生は、僕の人生です。ですが、お袋は、僕の人生をお袋自身の人生かのような意気込みで接してくるのです。こんなふうに抑圧教育が続くと本音で話せなくなります。何度か、お袋に反発もしましたが、毎回お袋には響かないのです。

そして、向こうは向こうのペースでやってくるので、ある時期からその行為を諦めるようになりました。そして、「お袋の前だけ」では、「本音を隠して話そう」と思うようになったのです。でもそれが間違いでした。「お袋の前だけ」と言いましたが、お袋とは長時間接します。だから自然とこのような話し方の癖が付き、いつしか「お袋以外の人」にも同じ話し方をしてしまうようになってしまうのです。

自分でも習慣というのは凄いなと感じました。そして、そんな自分が怖くなり、一時期、人と会う前には、「俺がおはようって言ったら、相手も言って来て、その後、最近の仕事の話をして、間にラーメンの話を入れて」などとシミュレーションをし、更に声に出して練習をしてから、会いに行っていました。ただ、一度も練習通りにいったことはありません。

だから教育とは、一歩間違えたら恐ろしいものになるのです。幼少時代に培った教育の「おかげ」から「せい」にまでもなります。僕は今、娘の教育にノータッチで自由にさせています。でもそれは、皮肉にもお袋から受けた教育の「おかげ」で気づくことができました。そこは感謝してます。

今娘は、自由に感情表現をします。恐らく娘はノンストレスではないでしょうか。10歳の娘は、僕に対しての名称を「パパ」「パパちん」「お前」にまで成長を遂げていっています。頼もしいです。

そんな娘に先日、「パパの悪いところってある？」と聞いてみました。すると丁寧に紙に書いてくれたのです。それは、「変な声を出す」「きがつかえない」「家族のことをもうすこし考えろ！」「よっぱらうと変人」「少しきもい」でした。どうですか？　痺《しび》れますよね。僕は、娘の素直な感情表現を絶賛しながらも、落ち込みました。でも、このような感情表現が、人間らしい生き方ではないでしょうか？　そして、こういった体験を踏まえていくと、娘に対して、娘というよりも一人の人間だと思える気持ちが強くなってきました。

だから僕はたまに、一人の人間としてネタの相談もするようになりました。すると向こうは素直に、結構きついダメ出しをしてくれます。最近されたのは、「ツッコミ頼りのボケはやめて」です。はい、改善致します。とにかく僕が言いたいのは、親だろうが子どもだろうが、同じ人間だということです。こういう気持ちが少しでもあるだけで、お互い尊重し合えると思います。

ちなみに、娘から貰った僕の悪いところは、僕のツイッターの「固定されたツイート」にアップしております。是非検索して、ご覧ください。

威厳がないことで、娘と対等に話せる

元々、僕が思っていた父親像は、威厳があり頼られ、厳しい中にも優しさがあり、そしてナメられない、でした。現に僕が子どもの頃は、優しいと言われている父親に対しても、何か怖くて反抗したことはありません。僕は子どもながらに、将来僕もそんな父親になるのだろうと当たり前のように思っていました。

ところが蓋を開けてみると全く違いました。現在、小4の10歳の娘にナメられまくりです。「パパ、マジでキモい。生理的に無理。パパの顔見たくないから、こっち見ないでくれる」と、朝から言われることも数知れずあります。小3までの娘とは別人です。

小3までは、「パパと一緒に寝る〜！ パパ、ソーセージ君（僕の創作の物語）

の話して～！　パパ、大好き～！」でした。あの頃にもっと接して楽しんでおけば良かった。ホント気分が落ち込みます。

思春期の男女が近親者を嫌う傾向は、アイデンティティを確立させるためや近親相姦を防ぐためだと聞いたことはありますが、ここまでハードだとは思いもしませんでした。ただ、娘からのハードな仕打ちは、朝がＭＡＸで、そこから緩やかになるので、そこを乗り切れば比較的余裕が生まれます。だから僕は朝を重要視しています。でも、それ以外の時間も油断大敵ですが。

他の家の子どもも、ウチのようにハードに父親に向かってくるのでしょうか？娘の発言は怖いですが、良く言うと、物怖じせずに思っていることをハッキリ言える性格に育っていると思います。

そんな娘は、僕の事前の番組アンケートを一緒に考えてくれます。先日は、「家族や他人に言われた、聞きたくなかった衝撃の一言は？」というテーマがありました。僕が、なかなか思い付かずに娘に相談すると、娘が、あの時ああで、こうで、ああだったよね？などと色々思い出し、提案してくれます。そして僕が、そこで集めた情報を元に内容を組み立て、番組で話すのです。何とも頼もしい存在ではないでしょうか。

今回スタジオで話したエピソードは、「最近娘の発言がパワフルになってきています。普段、嫁と娘が留守番をして、僕が食材を買い出しに出掛けます。その日もスーパーで買い物をしていると、嫁から『シュークリームを買って来てくれない？』と、電話がありました。そこで僕は、シュークリームを1個買って帰りました。すると嫁が苦笑いで、『家に私と娘の2人居るから、最低でも2個は買うよね。融通利かないね』と、言ったのです。そして、それを聞いていた娘が、『融通利かないパパって、社会のゴミだよね』と、言いました。僕はそれはさすがに言い過ぎだと腹が立ったので言い返そうと思い、『じゃあ、何ゴミだよ？』と言ったら、『生ゴミ』と言われました」でした。

スタジオは大爆笑でかなり反響があったので、そのことを娘に伝えると、満面の笑みを浮かべ、「私のお陰でしょ？　私、天才だから」と、言い放ちました。

ただ、今のは良い例で、悪い例は、僕が話を盛り過ぎてしまい、スベった時です。その時は娘に「盛るんだったら、ウケろ！　その前にパパの盛り方は面白くないからね。そのことを肝に銘じて」と、注意されます。それを言われて僕は、何も反論できません。なぜなら、図星だからです。
因みに、スベった時の話は、テーマが「嘘みたいな本当の話」で、話したのは「僕は少食です。焼き肉の食べ放題で、お水でお腹いっぱいになり、お肉を1枚も食べられなかった。」です。いかがでしょうか？　実際は、7、8枚は食べました。僕は、「嘘みたいな嘘の話」をしてしまいました。そしてその前に僕の最大のミスは、事前アンケートを娘に相談しなかったことです。改めて娘のポテンシャルの高さと正論を実感しました。

以前、僕の行きつけの海鮮料理屋に家族を連れて行ったことがあります。そこで娘が、「行きつけだったら、ここのオススメ教えて？」と、聞いてきました。それを聞いて僕は、一瞬動揺してしまいました。なぜなら僕は、来店した時には、ろくに料理は食べずにお酒ばかり飲んで、オススメを知らなかったからです。でもそこは、父親の威厳を見せるしかない。そう思った僕は、「知らない。いつもお酒ばかり飲んで、料理を注文しないから。でもそれは、節約のため」と、堂々と答えました。すると即座に娘が、「アホか！　だったら料理を注文してお酒を注文するな！」

と、一刀両断され撃沈してしまいました。南無〜！

他にも、娘に中高一貫の私立中学受験のための塾を勧めたことがあります。でも娘は私立への受験はしたくなく、それよりもダンスをしたいそうです。そんな気持ちの娘を塾に行かせても、お金の無駄です。僕は娘に、一般的な幸せと言われていることより、好きなことをして個人的な幸せを摑んでほしいと思っています。そこで僕が、「塾に行くためのお金で、ダンスで使うTシャツやスウェットパンツを買ったらどう？」と、提案してみると娘に、「普通そこは、ダンススクールじゃない？」と、打ち返されてしまいました。阿弥〜！

もしかしたら、傍から見たら僕たち親子は、普通ではないかもしれません。娘の僕に対する言動は、僕の昔の常識で捉えると、非常識だと思うことも多々あります。このように文章にすると和らいだ気持ちになっても、現実を目の当たりにすると苛立つことも多々あります。でも、この関係で成り立っていると思えるのも多々あります。

この関係になった要因は、僕の威厳の無さです。そして、自分を掘り返してみると、僕の中に威厳は微々たりともありませんでした。それが、僕なのです。僕だからこその親子関係です。それは僕が僕であったお陰です。

僕はこれからもこれまでと同様、威厳なく、愛する娘からご指導頂き、それを人生に活かしていきたいと思っています。

最近娘は、以前よりも厳しく接してきます。リビングにあるソファに座らせてくれません。僕が買ったのにですよ？　そこで僕が、「じゃあ、パパはどこに座ればいいの？」と、聞いてみました。そしたら、「床下」と、言われました。せめて床にしてよー！

このエピソードもどこかで話そうと思っています。

自分の頭にコンプレックスを持っていたけど、今は愛されたり、自分の武器なんだと気づいた

僕の顔は、男前とまではいかないですが、悪くはないと思っています。相方から「たまに朝、超男前だよな」と言われたこともあります。僕も感覚的にはそう思います。それは、恐らく睡眠が充分で湿度と気圧がマッチしたときなのでしょう。それと、支援者には「顔のパーツはいいんだけどな」とも言われたこともあります。僕も感覚的にはそう思います。ただ、器と盛り付けが合ってない気がします。大皿にカツ丼を盛り付けているような。

パーツでの自慢は、パッチリお目々と鷲鼻です。僕のパーツを見て、誰かに似ていると思いませんか？　また怒られると思いますが、それは、元AKB48の篠田麻里子さんです。僕がショートカットのカツラを被り、メイクをしたら彼女にそっく

りなのです。以前、モノマネ番組で彼女のモノマネをしたら、僕のブログのコメント欄が大変なことになってしまいました。殆どの方の「真似しないで！」「ストレスたまる！」「謝れ！」とのクレームのコメントでした。でも、ある方だけは「オレは指名するかも」と称賛していました。

僕の顔は、小1までは丸顔でした。でもなぜか、小1から徐々に頭が伸びていったのです。具体的にいうと、耳から上がです。そのときくらいからです。自分の顔が好きではなくなっていったのは。毎日、鏡でチェックしていましたが、いつも、なんか、昨日より伸びている気がするのです。成長期だったのでしょうか。人間の体には全てに意味があり、何かから守るために発達する部分があると聞きますが、僕の頭部の伸びは、一体何から守るというのでしょうか。

そんな悩みを抱えていたときに、体育の授業がありました。その授業で、僕は衝撃を受けました。それは、全員赤白帽を被るのですが、僕だけ被ってないのです。帽子はありますよ。それでも被ってないのです。それは、ちょこんと頭に乗っていたのです。頭部の長さのせいです。人間は、皆平等ではないのですか？　その日から体育の授業では、一応帽子を被りますが、いや、乗せますが、帽子が苦手になりました。

そんなコンプレックスを持った僕は、中1になっていました。僕の通っていた中学は、元々校則が丸刈り（中2からは長髪ＯＫになる）だったので、嫌でも僕のコンプレックスが、ずる剝《む》け状態でした。解決策などありません。僕は、時が解決してくれると、根拠のない想いだけで生きるしかありませんでした。

そんな中で参加した中2のバスケ部の地区大会。そのときは、校則も長髪を認められていましたが、バスケ部は、大会前には気合を入れるために丸刈りにしなければなりませんでした。それを見た万年丸刈りの野球部からは、「特権を自ら放棄している大馬鹿野郎ども」と罵られたものです。

その大会で、僕が試合前のウォーミングアップをしていると、他校の女生徒が数名キャーキャーと騒ぎながら、僕をわざわざ見に来たのです。ファン⁉　ちなみにウチのチームは強く、僕も有名選手の１人でした。ドキドキしました。僕のプレーを見に来たのか？　それとも僕自体を？　どっちだろう？　とソワソワしながら、普段はしないスリーポイントシュートを打っていると、1人の女生徒の声が聞こえてきました。「嘘ー！　本当だー！　似ている！　トモゾウに！」と。それから、何度もハッキリと聞こえてきました。トモゾウ。友蔵とは、ちびまる子ちゃんのおじいちゃんのことです。76歳です。僕は14歳。友蔵は好きですけど、憧れてはいません。ただ、あまりにも行き過ぎた結果に、自分でもおかしくなり、笑えてきました。

人はそれぞれ、自分の容姿にコンプレックスがあると思います。それは、自分しか分かりません。あんなイケメンが、そこを気にしているの!?　と驚くこともしばしばです。それは、僕は、自分の等身大以上の物を求めるからだと思います。

等身大以上とは、もはや自分自身ではありません。そして、等身大の自分の、自分なりの欠点から来る結果を、決め付けないことです。僕の場合は、自分の容姿が変で笑われたらどうしようと思っていました。つまり、「笑われた」とは、「馬鹿にされた」と思っていたのです。果たしてそうでしょうか？　僕もそうですが、人は面白いと思ったときに笑うものです。そこに、「馬鹿にされた」は微塵《みじん》も入りません。要するに、笑いを提供したのです。素晴らしいことではありませんか？

僕は、芸人を始めてから、自分の顔で笑いを提供しているという想いが強くなりました。ある先輩が僕の顔を見て「騙《だま》し絵みたいやなー！」と言って笑いを取りました。そして、それをヒントに相方がネタで僕に、「あなた、顔、逆さですよね？」と言って笑いを取りました。何という僕の才能ではありませんか？　僕は、自分の顔は最強だと思っています。

ある日、焼き鳥屋のカウンターで飲んでいると、隣で飲んでいたおばちゃんと話すことになりました。話していくと、どうやらスリムクラブのファンらしいです。僕は、心の中で「おばちゃん、あなたの好きなスリムクラブは目の前にいるよ～！」と思いながら、ここは本人登場で喜んでもらおうと、「実は僕、スリムクラブの内間なんです」と、告白してみました。すると、おばちゃんは笑いながら、「似ているけど全然違うね～！」と言ったのです。え!?　どこが違うの!?　更におばちゃんは、「内間さんは、もっと沖縄訛りで頭がトンガっているよ～！」と陽気に言ってきたのです。

はぁは～ん。恐らくキャップを被っているからだと思い、キャップを脱いでトンガっている頭を強調させてみると、おばちゃんは大笑いしながら「内間さんは、こんなもんじゃないよ～！　もっとトンガっているよ～！　あんた面白い子だね！　名前は何と言うの？」と、聞かれる始末でした。そのときもう僕は諦めて、「内間」だと名乗ると、おばちゃんは「あんたも内間と言うの⁉　意外と内間って多いんだね～！」。その後、おばちゃんと仲良くなり、僕と「内間」の話題で盛り上がりました。

まさか、そんな展開になるとは思いもしませんでした。でも、面白いじゃありませんか？　それも僕の顔のおかげだと思います。そして、特権だと思いました。僕のように容姿に悩みを抱えている方に伝えたいことは、できる限り面白く捉えて生きてみませんか？　ということです。でも、無理をして思考を変える必要なんて要りません。ただ、自分の容姿の好きなところを一つ見つけてみませんか？　それができると、少しウキウキ気分になるでしょう。

今でも僕は、トンガっている頭を完全に好きだとは言えません。でも、以前よりは気楽にディスプレイできるようになりました。

〈第2章〉

僕は人をイラつかせる

思いつきで行動するので娘を怒らせることが多いが、おかげで娘と会話が増えた

僕は先のことを考えずに思いつきで行動します。そのせいで、僕と接している人を怒らせてしまうことがあります。最近は特に娘（10歳）にです。

娘は、かなりのきれい好きで、外出して帰宅すると、必ず足を丁寧に洗ってから、リビングに入ります。ところが僕は、そんなことは全く考えず、外着のままで平気でリビングにいることがあります。そんなときは娘に、「外の空気に触れて帰ってきたんでしょー！　外の空気は、ばい菌がいっぱいだよ！　だからもうパパが、ばい菌だよ！　もっと考えて行動してー！」と、凄まじい形相で怒られます。

僕は考えて行動をしませんが、その娘の言動に関しては「外の空気は、ばい菌がいっぱいと言っているけど、洗濯物は外に干すけどな～」「友達がウチに遊びに来

たときには、そんなこと言わないのにな～」「逆にウチらが友達宅に行ったときは、そんなことしないのにな～」などと思っていると、「なんでボーッとして反省しないの!!」と、更に怒りを拡大させる始末です。そしてそのとき、ツキがなかったのは、僕がいた場所です。そこは、娘も座る可能性がある、ダイニングテーブルだったのです。

「もう信じられない！ 私にも被害が及ぶでしょ！ パパのこと大嫌い！ もうパパと一緒に生活したくない！ 今日から一人で寝る!!」と、怒りが止まりません。僕はバツが悪くなり、寝室にそーっと逃げるしかありませんでした。

僕らはいつも家族3人並んで寝ます。さっきの娘の発言からすると、今日は一緒に寝ないのだろうと眠りに就きました。しかし、明け方ふと目が覚めて驚きました。なぜなら、隣で娘が寝ていたのです。いないと思い込んでいたのに、いたときはビックリしますすね。思わず侵入者と出会ったかのように、大声を出してしまいそうになりました。

後で嫁に聞くと、娘は一緒に寝ない気満々だったそうですが、寝る直前にドラマ

「真犯人フラグ」を観てしまい、その中で少し怖いシーンがあったそうで、その影響で一人で寝るのをためらったそうです。

そこで気になる、娘の僕に対しての気持ちなのですが、やはり嫌いで、でも人数が多い方が恐怖が和らぐので、一緒に寝ることを選択したそうです。何とも釈然としない気持ちになりました。人間として数えられただけですね。ただ、ドラマには感謝しています。

また別の日にも激しく怒られました。娘は美顔ローラーを愛用しています。その美顔ローラーを僕は、ボケのつもりで、「パパもシャープになりたいな〜」と、僕のとんがっている頭部をコロコロしたのです。

それを見た娘の表情が、みるみる鬼の形相に変貌しました。そして、「顔に使う物だよ！　パパの汚い頭につけた物を顔につけたら顔が汚れるじゃん！　なんでそんなことも分からないの!?　もっと頭で考えて行動してー!!」と、泣き喚きながら、上の3階の部屋に駆け上がっていったのです。

あまりの迫力に僕は、ただただ唖然《あぜん》としていました。そして、少し落ち着いたら謝ろうと待っていました。しかし娘は、なかなか下りてきません。そこで、少し気になったので様子を見に行くことにしました。ところが、どこにもいないのです。部屋、クローゼット、ベランダ全て探しました。怖くなってきました。なぜなら、最上階だからです。まさか、飛び降りたのか!? 考えて行動しない僕にとっては、もうこれ以上どうしたらいいのか考えられません。

そこで嫁に相談すると、「絶対にどこかにいるわよ。本当に全部探したの?」と、あっけらかんと言ってくるだけです。全部探したんだけどな。待て、いや、まさか。僕は駆け上がりました。そして、全く使ってない小さな押入れをそーっと開けてみました。いました。ホッ。すると、体育座りの娘が、してやったりの表情でニヤリと笑いました。やられた〜! そこで僕が謝ると娘は、「許しはしない。あと一応言っておくけど、さっきのボケ全然面白くないからね」と、冷静に言いました。その言葉を聞いて僕は、また唖然としてしまいました。

僕は、考えて行動しない自分の性質をあまり好きではありません。でも、どうしてもそれをやってしまうのです。それは、「分かっちゃいるけどやってしまう」なのか、「分かっていないからやってしまう」なのかも分かりません。でもその性質のおかげで得をしているのも事実です。

最近、友人に誘われ4人でサーフィンに行くことになりました。（ちなみに僕だけ砂浜で見学です）。そのうち2人と初対面でした。共通の話題を探す、ぎこちない時間もありましたが、偶然にもお互い同世代の子どもがいたのです。そこで僕が、今回の娘の話をすると共感を得て、一気に距離が縮まり盛り上がることができたのです。

よく初対面の人と仲良くなるには、自分の欠点をさらけ出した方が良いと言われますが、僕はそのときそれが自然にできたと思います。それも、自分の性質と僕と関わってくれた娘のおかげだと思います。

これからもどんどん娘に怒られにいこうかな。

車の運転がへたでやめることになったら、後部座席にゆったりと座れＶＩＰ待遇

果たして車の運転にうまい、へたってあるのでしょうか？　確かにちょっとした技術の差はあると思いますが、僕はそこまでの差はないと思っており、好みの差だと思っています。

僕は運転がへただと言われています。それは唯一、嫁だけにです。以前は気を使ったつもりで積極的に運転をしていたのですが、どうもうまくいきません。大体助手席の嫁が苛立ち、それが連鎖し、車内の雰囲気が重苦しくなるのです。

その日も敢えて僕が運転をしました。僕の性格がのんびりなのに対し、嫁はテキパキです。高速道路に入り、いつものように自分のペースでのんびり車を走らせて

いると、嫁が「スピードが遅いのも違反だからね」と言ってきたのです。確かに制限速度を下回ってきましたが、僕の中では許容範囲だったので、ムッとしました。

今度は高速を降り、ナビ通りに運転をしていたのですが、ナビよりも先に嫁が、「次、右」「しばらく直進」「もう左車線に入ってて」と、イライラしながら指示をしてくるのです。さすがに堪忍袋の緒が切れてしまいました。自分でもビックリするほどの大声で、「うるさいな！　腹立つんだったら自分で運転しろや！」と言ってしまったのです。すると嫁が、「分かっているわよ！　あんたに運転を頼んだ自分に腹立ってるのよ！」と予想外の返しがきたのです。それがあまりにも予想外過ぎて、不覚にもその言葉を聞いてパニックになりました。すると全ての情報が遮断《しゃだん》され僕に何も入ってきません。当然ナビ情報もです。道を間違え、ナビが再検索を試みますが、うまく反映されずに、とうとうまさかの目的地に到着することができませんでした。そんなことってあります？　自分の無能さを感じ、落ち込みました。

でも後日、友達を助手席に乗せ運転しているときに、この話をすると、「俺はへたとは思わないよ。むしろこれくらいの方が良い」と言われたのです。となると、好みの問題です。もともと嫁と僕の性格は違います。嫁は「効率良く」を好む性格です。だからそれに反する行動を取った場合、注意されます。

以前僕が部屋で掃除機をかけていたときに、「動線が違う」と注意されたことがあります。動線を効率良く移動することによって、僕の労力を最小限に抑えようとする愛の気持ちもあるとは思いますが、素直にそれを受け取ることはできませんでした。だって僕は、労力を使ってもいいと思っているからです。それと「効率良く」とは「嫁の好み」で「嫁のルール」に繋がっていきます。また人によっては「自分のルール」をあたかも「社会のルール」のように話します。それはお門違いです。

だから僕は、「これは自分のルールなのですが、付き合ってもらえませんか?」という気持ちで行動することが、他人と友好的に繋がるには、必要だと思います。でもそれが難しいのですが。

先日、洗濯をしようと洗濯機の前に立ち、洗剤を入れようとボトルを持つと、視線を感じました。ビクっとして振り返ると、嫁がこっちをじーっと見ているのです。

嫌な予感がしました。でも僕の落ち度に対して、全く思い当たる節がありません。そしてこれからは、ただ洗剤を洗濯機に入れ、洗濯をするだけです。何もやましいことなんてありません。だからそのままの流れで洗剤を洗濯機に入れ、スタートボタンを押し、洗剤ボトルを元の位置に戻しました。

するとここぞとばかりに、「何でいつも逆に置くの？」と言ってきたのです。逆!? どういうこと!? もう一度ボトルの位置を確認してみました。しかし、品名がこっちを向いて正面で、逆ではありません。だから「逆じゃないよ！」と反論をすると、嫁は「だから逆だって！」の一点張りなのです。この人は一体何を言っているのだろうと、どんなに考えても理解ができません。もしかすると嫁、若しくは僕のどちらかがおかしくなってしまったのか!? と、心配になるほどでした。

するとやっとそこで嫁の種明かしが始まりました。実は嫁は、左手でボトルを持ち、右手のカップに注ぐそうです。でも僕は、逆なのです。だから僕のやり方でいくと、嫁にとってはボトルが逆の配置になるのです。つまり嫁にとっての正面は、僕が思う逆の成分表示の面なのです。「そこは裏面だろ！」とツッコミたくなりましたが、ぐっと堪えた自分を称えてあげたいです。ただ今でも僕は、この出来事を納得はしていません。だってそれは「嫁の好み」の話なだけであって、正解、不正解の話ではないからです。

僕は生きていく上で、「自分の好み」を相手に伝え、そして「相手の好み」を分かってあげようとする「気持ち」が大切だと思います。

だから僕は、先ずは自分の「本当の好み」を分かってあげようと思いました。すると、本当はそこまでは車の運転をしたくないということに気づいたのです。一家の主人としてしなければならないという義務感からでした。義務感で行動すると、その堅苦しいエネルギーが周りに伝わり、雰囲気が悪くなります。だから僕の運転する車内は、ああいう雰囲気になったのです。

今では僕は、運転を完全に嫁に任せ、後部座席でゆったりと座りＶＩＰ気分を味わっています。それはノンストレスで最高です。

あとちなみにですが、今では僕は左手にボトルを持ち、右手のカップに注いで洗濯をしています。それが僕の好みに変わりました。

相手に気配りができないから、できたときは異常に喜ばれる

僕はよく「気配りがない」と言われます。自分では、しているつもりでもあるのですが、それでも言われます。「気配り」とは、一体何なのでしょうか？　一応ネットで調べてみると、「相手が求めていることを推測して、前もって行動すること」らしいですね。なるほど。僕はできていないです。

僕は事あるごとに、嫁から「気配りがない」と指摘を受けます。挙げればキリがないのですが、近頃では、家でぼーっと窓から外の雨を眺めていると、仕事から帰宅した嫁に「何で洗濯物を取り込んでてくれないの？」とか。また、家族で初めての場所に車で出かけるときに、準備に時間がかからない僕は、先に後部座席でぼーっと座っていると、嫁に「何で目的先をナビ入力しておいてくれないの？」など。

他にも、僕が焼きそばを作ったときに、具材の切られていない20㎝くらいの豚ばら肉を箸で持って「食べる人のこと考えてる？　食べづらいんだけど」と、数々指摘を受けます。

それにしても僕は、主にぼーっとしがちですね。今度は、逆に気配りをしたつもりでも、同じように指摘を受けたこともあります。それは、あるとき、このあと嫁が帰宅するので、嫁が鍵を入れて回す手間が省けるように施錠しないでいると、「不用心でしょ！」とか。

また、台所に見覚えのないペットボトルの空ボトルが４本放置されていたので、捨てておくと「使うつもりで置いてあったんだけど！」など。他にも、コンロに濁り汁が入った鍋があったので、中身を捨て、洗っておくと「何で捨てるの⁉　海老の出汁を取ってあったのに！」と、散々です。

気配りがないと言われるより、気配りしたつもりの方が怒られています。それにしても僕は、主に捨てがちですね。

またこれ以上に、自分でもやってしまった！　と思った出来事もあります。それはある日、近所の飲食店の大将に「内間さん、炊いてあるご飯ですけど、余ったので貰います？」と聞かれたのです。そのとき僕は、貰った方が家計も楽になり、嫁も喜ぶだろうと思い、迷わず貰うことにしました。それはかなりの量で、ラップで包まれ、なんと枕くらいの大きさでした。こんなに余るものなの？　と思いながらも、それを抱え帰宅し、ダイニングテーブルの上に置きました。

そして、「この量なら5日は保《も》つな」と満足し、その戦利品を眺めながら晩酌を始めました。やはり気分が良いときのお酒は格別です。どんどん酒が入っていきます。何杯目でしょうか。小腹が空いてきました。僕は少食なので、ご飯も一膳未満で充分です。手っ取り早い卵かけご飯でも食べようと、冷凍庫に保存されている一人前のご飯を解凍して食べました。また気分が良いときのご飯も格別です。今日は珍しくお代わりでもしようかなと考えていると、ちょうどそのときに、嫁が帰ってきました。

もちろん僕はすぐに、狩猟で大物を捕らえ帰って来た主人のように、「貰ってきたよ！」と、堂々と例の物を見せつけました。すると、当然喜んでくれると思っていたのですが、反応が薄く、じーっと僕を観察しているのです。少しばかり嫌な予感はしましたが、とりあえず、貰った経緯を説明しました。すると嫁が、僕の食べている卵かけご飯を見つめ、「何で貰った物から食べないの!?」と、言い放ったのです。

ん？　どういうこと？　僕にはその言葉だけでは、よく理解できませんでした。呆然としていると、立て続けに「保存してない物から食べてよ！　冷凍されているのは、いつでも食べれるでしょ!?　それよりもなによりもデカイ！」と、流れるように言われたのです。

ず、ず、図星～！　確かに枕サイズのご飯を冷凍するのは、難しいです。難しいというより、ウチの冷凍庫では、不可能です。

更にそこで嫁が低いトーンで、「それに今私、デトックスのために食材にこだわってるんだけど」と言われてしまいました。全然気がつかなかった。そんな新発見もありつつ、当然の流れですが、僕がそのご飯を全て食べることになりました。前述した通り僕は小食です。だからかなり時間がかかりました。かれこれ10日はかかったでしょうか。頑張りました。できる限り食べ、冷凍するのは無理なので、冷蔵ができるまでは、踏ん張りました。ですが、ご飯の冷蔵って無意味ですね。カピカピです。そのカピカピをお焦げと思い食べました。

もう一度問います。「気配り」とは、一体何なんでしょうか？　僕は、よく分かりません。でもそれでも良いと思えるようになりました。分からないものは分かりません。ですが、「気配りをしてあげたい」という気持ちを持つことは、大切にしたいと思いました。

すると僕の現実が変化してきました。当然嫁は、僕が気配りができないと思っています。そんな僕が、嫁の希望と合致したとき、奇跡が起きたかのように喜ばれるのです。

最近では、初めて行く場所情報を、あらかじめ車のナビに入力したのと、雨が降り始めたので洗濯物を取り込んだのとの、二点です。どうですか？　気配りというよりも、学習ができているでしょう？　それでも良しとしませんか？　ちなみに、どちらのときも嫁に、「何で!?　珍しい！　気でも狂ったのー!?」と、歓喜の雄叫びをあげられました。

現段階での僕の「気配り」は、まぐれかもしれません。それを気づかせてくれたのは、嫁の僕に対する接し方のおかげです。そして僕は確実に進化しています。

めちゃくちゃ頑固だけれど、母親の遺伝や母親を見て生きてきたからだと分かったら、少し許せるようになった

僕は頑固な人が嫌ですが、僕も頑固のようです。久しぶりのデートで嫁と居酒屋に行っても、休肝日と決めていたのなら、アルコールを一切口にしません。そして、食も細いのでおつまみにもあまり手を付けません。普段は大酒飲みの僕なので、嫁が「少しくらいはいいんじゃない？」と勧めてきますが、それでも一滴も受け付けません。ただ一定のテンポで、冷たい緑茶をちびりちびりと飲んでいるだけです。一緒にいて楽しくないですよね？

また、自分が少しでもピンとこない服は、どんなに勧められても絶対に買いません。絶対にです。そんな自分を変えたくて、以前、嫁と娘にそこまではピンとこない靴を、「これ、パパに絶対に似合うから！」と勧められたときに、思い切って買

ったことがあります。2年履いてません。やはり頑固です。自分を持っているという言い方もあると思いますが、もう少し柔軟な姿勢の方が、世界が広がり楽しめるとは思います。

僕の母親がそうでした。一度信じて決めたら貫き通します。そんな母親の口癖は、「石にかじり付いてでもやる」でした。物凄い情念を感じます。母親は自然に頼った生き方をするのが、健康が保たれると信じています。だから、できる限り人工的な物を排除し、手作りにこだわった暮らしになっていきました。味噌、マヨネーズなどの調味料だけでなく、シャンプーまで手作りだった時期もあります。

シャンプーといっても、芋の葉を水で溶かしただけの液体です。さすがに僕は使いませんでしたが。一度、風呂場から出てきた母親の頭部から顔面にかけてダラ～と滴り落ちる緑汁を見ながら、もしかしたらこの人は特殊部隊のゲリラ作戦の遂行中？　と思ったこともあります。

他にも、僕が発熱したときなんかは、薬なんか使いません。母親が自分の手に自身の唾を吐き出し、そのエキスを僕のオデコや火照っている箇所に塗り込むのです。丹念に念を込めて何度も何度も。だんだん意識が遠のいていきます。それは高熱のせいなのか？　それともエキスのせいなのか？　それは分かりませんが、不思議と熱は下がりました。

また母親は、清らかさが正義であり、それが幸せへと導いてくれると信じていました。僕を出産するときには、聖母マリア様の肖像画を見て、出産の無事を祈ったそうです。ただし、母親はキリスト教徒ではありません。無類の先祖崇拝者です。

とにかく母親は、不純な行動を嫌がります。高校生の僕に対し、性教育の一環で不純異性交遊の恐ろしさを伝えようとしました。ただ母親は、不器用なタイプです。でも、人一倍情念はあります。

だから、「女の人は怖いよ〜！　女の人は汚いよ〜！」という恐ろしい表現になってしまいました。しかも、何度も何度もその言葉を繰り返し発してくるのです。一度モードに入ったら止まりません。マシーンの如くです。そのフレーズは、僕が結婚するまで続きました。さすが頑固です。ただ僕は、そのフレーズに違和感を覚えていました。なぜなら母親も、女の人だからです。自分に対しても言っているの？　だから僕は、「お母さんも女の人だよね？」と、聞いたことがあります。すると母親は、信じられない表情で、「あーっしぇ！（まったく）それを言ったらキリがないさ〜！」と、ますます謎が深まる言葉を残すだけでした。そんな教育をされた僕ですが、皮肉なことに女の人が大好きです。

高校生の頃、バス通学をしていたのですが、そこで違う高校に通っている小学校の同級生の女子とバッタリ再会しました。母親が恐れていた女の人です。お互いに懐かしく感じ、すぐに打ち解けることができました。小学生の頃の話から現在の話と、様々な話で盛り上がりました。胸がときめきました。また会いたい。彼女が乗ってくる時間帯も大体把握しました。だから僕は、その時間に合わせて乗るようになりました。

僕らはバスから降りた後、そこから歩いて帰ります。僕の家は、少し歩いてすぐに左、彼女はそれからしばらく直進します。最初の頃は、すぐに別れていましたが、もう少しだけ一緒にいたいという気持ちから、夜道は危ないという理由を使い、徐々に距離を稼ぐようになりました。そして、彼女に対する想いがマックスになっていったある日、今日はもっとじっくりと喋りたいと思いました。そこで僕は、彼女の家と僕の家の中間地点にある公園に誘ってみたのです。

　すると彼女は、少しだけならと微笑んでくれました。鼓動が高まりました。何て今宵は良い日なのでしょう。そこは、ブランコと砂場があるだけのシンプルな公園で、２人でベンチに座りました。夜９時頃の公園は、僕ら以外誰もいません。２本の外灯が、明るさと薄暗さとで、うまい具合に調和が取れています。秋の夜風が気持ち良い。彼女はバスのときと雰囲気が違い、しっとりと輝いている感じがしました。それよりもなによりも見栄を張らずに自然体で喋れる彼女との時間ができるだけ長く続けばいいと思いました。

　そんな幸せな時間を噛み締めているときに、ふと違和感を覚えました。何かを感じるのです。何だろう？　それは視線でした。左後方から感じます。公園は金網で仕切られており、僕が感じる方向に人がいるのはありえません。ただし、公園内では。恐る恐る慎重に、振り返らずに、目線だけで確認しました。すると、網目から目玉がこっちを覗いているのです。覗き見？　誰？　それは、公園の外から息を押し殺して見ている母親がいました。ワォ!!　あまりの衝撃と恐怖から僕は彼女に、

「ヤバイ！　ヤバイ！　だから帰ろう！」と、しどろもどろに言葉を残し、そして彼女も残し、逃げるように足早で帰ってしまいました。

彼女にとっては理解不能ですよね？　あのときは、説明不足でゴメン。正直、母親の行動には引きました。恐らく僕が女性といるところを見掛けて、尾行してきたのでしょう。でも、僕のことを心配しての行動だとも分かります。そして、頑固な母親だからこそ、あのような行動しかできなかったとは思います。

現にあの日、帰宅すると、母親は公園の件には一切触れず、すました顔で、夕飯を出してくれました。ただ時間がなかったのでしょう。いつもより品数が少なく、具なしのソーメンチャンプルーと味噌汁でした。

母親の行動を理解しても、嫌なものは嫌です。だから僕は、ずっと母親を否定して生きてきました。でも、この本を書くにあたり、自分の生き方を振り返ってみると、僕も母親と同じように頑固に生きていると思いました。やはり母親の影響は絶大です。ずっと一緒にいたので、無意識に体に染み込んだのでしょう。

そこで僕が母親を否定するということは、自分を否定していることと同じだと思います。だからまず、母親と同じ自分を許そうと思いました。そして自分を許すことが母親を許すことになると思います。

そんな考えに行き着いたときに、母親からスマホに着信がありました。でも、母親と喋ってイライラする自分を想像していまい、着信拒否をしてしまいました。あと空腹だったということもありますが。まだまだですね（笑）。でも、これが人間かもしれません。とりあえず、昨日の残りの豚汁を食べて落ち着いてから、かけ直そうか考えたいと思います。

人を困惑させていることに気づいたら、同じような人を可愛らしく思え、優しい気持ちになれた

僕は今までにありえない発言をしてきました。それは、自分を正当化するためです。しかし、その行為のせいで、相手を困惑させていました。

以前、僕は、沖縄のオリジンという芸能事務所に所属していました。1年くらい活動した頃に、東京で活動してみたいと思うようになりました。でも、それを素直に伝えることができませんでした。なぜなら、僕には自信がありませんでしたし、その資格もないと思っていたからです。というのも東京進出は、沖縄で活躍してからするのが通常でした。僕は活躍どころか、毎月の事務所のランキング形式のライブで万年最下位だったのです。

そんな状況の僕でしたが、思い立ったら突っ走るタイプでもあったので、事務所

の代表に誤魔化しながらも、東京進出の旨を告げました。代表は、僕が何か病にでもかかってしまったのかと、物凄く心配して理由を聞いてきました。

するとと僕は、「沖縄の環境は、僕には合いません」と答えたのです。そして続け様に「沖縄には電車がありません。僕は電車のネタを作りたいのです。だから行きます」と、自分の正当性を訴えました。本来なら止めるタイプの代表でしたが、あまりの僕の堂々たる態度に圧倒され、どうすることもできませんでした。そしてその後の、僕の最後のライブは、最下位でした。

こうして上京し、東京NSCを卒業したのですが、出演できるライブがありませんでした。そんなときに心配してくれたのが、またその代表とひーぷーさん（劇団O.Z.E代表）でした。そして、代表たちの提案と援助のおかげで、隔月で自主ライブを立ち上げることになったのです。感謝です。

しかし、2、3回目以降のライブからだんだん、なあなあになっていきました。ライブ作りが面倒臭くなり、演者も集められず、お客さんも数人でした。誰も得しません。そんなライブがダラダラと2年続いた頃に、これ以上続けても意味がないという結論に至り、辞めることにしました。

そこで、僕が真っ先にそのことを報告したのは、代表たちにではなく、ライブハウスのオーナーだったのです。理不尽ですよね？　代表たちに辞めると伝えるのは後ろめたかったので、しれっと終わりにしたかったのです。

そんな僕の内面に気づいていた相方は僕に、「報告する順番が違うんじゃない？　どっちが先だと思う？」と聞いてきたのですが、そのとき僕は、「同時ですかね」と誤魔化したのです。物理的に不可能ですよね？　恥ずかしいですが、僕は正当化のためなら何でもしました。


当時は、自分の正当化に必死で気づきませんでしたが、僕は自分を誤魔化して、素直に生きていませんでした。素直に「東京で試してみたい」や「代表たちに真実を伝えると、自分の不甲斐なさを露呈することになり、また、色々やってくれた代表たちに後ろめたい気持ちがあったので言えなかった」と、伝えるべきでした。

そんな自分の本音に気づいたときに、それとは別に、一生懸命に自分を守ろうとしている面にも気づきました。すると、自分を許せる愛も芽生えてきたのです。そしてそれは、僕以外の僕のような人に対してもです。

以前のマネージャーは、僕と似ていました。ある日のスケジュールが、ずっと仮のままで、なかなか確定しません。もちろん仕事の方がいいのですが、もし空くなら私用を入れたいとマネージャーに伝えました。ところが、なかなか返答がないのです。2、3日待ってもありません。とうとう痺れを切らして電話をかけてみると、恐らく確認するのを忘れていたのでしょう。「ちょっと待ってください！」と、慌慌てて電話を切ったのです。それから数分後、電話がきて、テンションの高いマネージャーが、「内間さん！　安心してください！　その日休みでした！」と言ったのです。安心してくださいって（笑）。大型案件が決まったかのような雰囲気でした。

他にも、その日はロケで、スケジュール通り指定された午前8時に名古屋駅に到着すると、誰もいないのです。不思議に思いながらも担当スタッフに連絡をしてみると、何とロケは明日だったのです。え⁉　もうここまできたらおかしくて笑いが止まりません。

帰りの8時6分の新幹線でモーニングハイボールを飲みながら、これもある意味贅沢だなと思えました。そしてその後、マネージャーにそのことを告げると、「すみません！　今日と明日って似ていたもので」と言われたのです。さすがの表現。詩人ですね。

こんなふうに、自分と似た人を受け入れられるようになったのは、自分のことを知り、受け入れることができたからです。それを理解できると、過去の自分も頑張っている素晴らしい存在だと思えるようになりました。過去も現在も未来の自分全てを愛することができたら、なんて素敵でしょうか。

僕の場合は、過去の自分を少し愛せるようになってから変わっていったと思います。もし今、過去に戻ったなら、あのタイミングで上京しただろうか？　分かりません。ですが、ただ一つハッキリと言えるのは、「沖縄の環境は僕には合いません」と言いましたが、上京しても状況は変わりませんでした。場所は関係なかったのです。でも自分を受け入れていないときは、この事実も自分の汚点だと思い、言うことができませんでした。

どんな自分でも受け入れてあげることによって、人や事実に対し優しくなり、生きやすくなるのではないでしょうか。

自分の中の「天然」の意味を知ることで、心が軽くなる

僕はよく天然と言われますが、自分ではそう思ったことはありません。そして、以前は天然と言われるのが嫌でたまりませんでした。15年ほど前に相方と当時相方の彼女だった現在の嫁さんとで飲みに行きました。序盤は楽しかったのですが、突如彼女が「内間さんって天然だよね?」と言ってきたのです。カチンときました。馬鹿にされていると思いました。僕は、天然とは、劣っている人間のことを指していると思っていました。だから、それを言われてからは、その後の時間は彼女とは一切喋ることはありませんでした。

天然とは一体何なのでしょうか? ネットで調べてみると、周りの人とは違う言

動を行う人を指して使われているそうです。それを言われると、思い当たる節が多々あります。昔、相方の家に遊びに行ったことがあります。行くと、相方はワンルームのリビングで座布団に座り、テレビでウイニングイレブンをしていました。

そこで相方が、「座布団使って、適当に座って」と言ってくれたので、座りました。僕はゲームにあまり興味はないのですが、ウイニングイレブンは別でした。相方のコンピューターとの対戦を夢中で観ていると、突如相方が「内間、何でそこに座るの？」と言ったのです。え!? 座布団を使って、適当に座ってと言われたから、そこに座っただけなのに。もしかしたら、座っちゃいけない場所があったの!? しかし、自分の座っている位置を確認して驚きました。そこは、相方の背後だったのです。僕の視界に映っているのは相方の背中でした。知らず知らずに、相方とピタッと一列に並んで座っていたのです。

では、なぜそこに座ったのか？ それは、そこに座布団があったからです。僕は、相方に「座布団を使って、適当に座って」と言われた瞬間に、もう座布団しか見えなくなっていました。そして、座布団を移動させるという発想は全くありませんでした。ネットで調べてみると、天然は周りが見えなくなる傾向があるらしいです。

発言に関してもあります。以前番組で、男の娘（オトコノコ）の生体を調査するロケがありました。男の娘とは、肉体的性別は男性ですが、見た目が女の子にしか見えない男性のことを言います。その方は20代前半で、とにかく可愛くて健気で、応援したくなるような人でした。２回目の出演のその方は、近況報告をしてくれました。

故郷にいるお母さんは、男の娘であることに反対しており、疎遠になっていたそうですが、前回の出演をキッカケにお母さんと頻繁に連絡を取るようにはなったそうです。そこで今回は、僕らスリムクラブとその方と３人でお母さんに理解してもらうために、会いに行くことになりました。

故郷で、その方が関わってきた思い出の人に会ったり、場所を訪れ、いよいよお母さんとご対面というところまできました。緊張感が高まります。ただそこで、クリアしなければならない課題がありました。それは、お母さんにも出演してもらいたいということです。だから、ご対面の前にスリムクラブだけでお母さんと会い、説得をしようと試みました。

しかし、お母さんは頑なに拒否。そりゃあ、そうですよね。お母さんの気持ちは痛いほど分かります。でも出演した方が、番組が盛り上がるのは間違いありません。だから僕たちは、色々と提案しましたが、突破するほどのものはなく、ありきたりのモザイクや音声加工の提案くらいしかできませんでした。

もう無理か！　そのとき、ディレクターが僕にカンペで「内間さん、何か一言」と出してきたのです。僕はそういったことは下手くそなのですが、素直に自分の想いだけは伝えようと思いました。それは、あなたのお子さんは悩みながらも、一生懸命生きていて、視聴者で同じ境遇の人がいたら、その方々に勇気を与えることができるということです。ですが僕は、言葉がまとまらず、思わず「お母さん！　僕、男の娘を見ていると興奮するんですよ！　だから、出演してください！」と言ってしまったのです。

言いたいことが全然言えてない！　僕の性癖を発表しているみたいです。その言葉を聞いたお母さんは、拒否することも忘れて、しばらくポカーンと固まってしまいました。僕はどう弁解していいのか全く思い付かず、ただただ真っすぐお母さんを見続けていました。その光景を見ていたディレクターは、そっとカンペを閉じました。

僕の不甲斐ないプレーで、この後ロケはどうなるんだ、と心配していましたが、その後、女装をした男の娘とお母さんは、カメラが回っていない所で2人っきりで会い、なんと、お母さんに理解してもらったそうです。ホッと一息。とりあえず、ハッピーエンドで良かったです。

他にも、鈴木福くんにインタビューをしたことがあります。その頃の僕らは毎週、番組のコーナーで芸能人に突撃インタビューをしていました。平均5分という短い時間で、相方の仕切りの中、5問ほど質問するのですが、最後の1問だけは、僕が自由に質問することができました。だから僕は、その1問に全精力を注ぎ、笑いを取りにいこうとします。今回の福くんは、長編アニメの声優を担当するそうで、それを軸に広げていきます。

当時8歳の福くんは、可愛らしくもありながらも、子どもとは思えないほどのしっかりとした口調で映画を宣伝しながら、巧みに質問に答えていきました。そしていよいよ、僕の質問の番です。そこで僕は、「好きな豚料理は何?」と、質問しました。すると、場の空気が一瞬で凍り付いたのです。何で⁉ 僕は大爆笑を期待していました。意味が分かりませんでした、あのときは。でも今なら、当たり前の現象だとハッキリと分かります。なぜなら福くんの役は、子ブタだったのです。今更ですが、ゾッとしました。でもあのときの僕のお笑いは、アレだったのです。

しかし、福くんは冷静に笑って「豚は食べれないよ」と言ってくれたのです。そのコメントで、その場の空気が息を吹き返しました。感謝です。もし、僕が福くんだったら、「生姜焼き」と答えていたと思います。


こんなに事例があったら、僕は天然かもしれません。現在45歳の僕は、昨日、相方に「アリの巣コロリって知ってる?」と聞かれ、「それって昔話?」と答えています。僕は、「おむすびコロリ」に次ぐ作品だと思っていました。

僕は、だんだん自分が天然かもと思い始めてもいます。そこで、気づいたことがあります。「天然」という言葉を、自分が言われたら嫌ですが、他人に言うときは、愛くるしいと思っているということにです。全く意味合いが違います。ということは、「天然」という言葉自体には、特に意味はないと思いました。他の言葉でも捉え方次第で、同じ現象が生まれていたかもしれません。

僕は、「天然」という言葉を言われたときに、その言葉で触発され、ネガティブな感情が生まれてしまっていたのです。それは何か？　僕の場合は、人はできるのに、自分ができないと強く思っている部分がありました。だから、「天然」＝「あなたはできない」とはき違えていたのです。

現に、相方の嫁さんは、僕を「面白いね」という意味で「天然」という言葉を使っていました。どうでしょうか？　自分の想いを探ってみると、面白いことに気づくかもしれません。今では僕は、天然と言われても嫌な気はしません。ですが、それをハッキリさせたい気持ちがあったので、天然度診断を受けてみました。結果は、90％でした。

失敗するからこそ、周りの強烈な愛を感じられるようになる

天海祐希《あまみゆうき》さん主演の『老後の資金がありません！』という映画に出演させていただきました。そこで僕は、ワンシーンでセリフが一行でしたが、なんとNGを7回も出してしまいました。とにかく緊張しました。それは、既に台本を貰ったときからです。演技にも自信はなかったのですが、その前に一行の台詞が覚えられません。物覚えも良い方ではありませんが、それは言い慣れてない言葉だったからです。だから、僕なりにセリフをアレンジしました。でも、台本通りに言わなければならないとも思っていたので、ある程度は練習もしましたが、不安が残るものでした。

そして当日、そんな心境から、たまたま楽屋にいたある大御所俳優の方に、僕の

アレンジについて相談してみると、「内間さんがやりやすいように自由でいいんじゃないですか」と言ってくれたのです。ホッとしました。そんな中、リハーサルが始まりました。天海さん、松重豊《まつしげ》さん、草笛光子《くさぶえみつこ》さんとスリムクラブとで食卓を囲んでの撮影。台詞は、天海さん、松重さん、草笛さん、相方、僕の流れでした。

軽めのリハーサルでしたが、やはり緊張してきました。いよいよ僕の台詞。もう行くしかないと、アレンジした台詞をぶつけました。何事も起きません。そこに、監督の「カット!」の号令。カメラが止まると、監督が僕を呼んだのです。あー、やはりアレンジしたのを注意されるのかと思っていると、監督が「内間さん、もう少し強めに言ってもらえますか?」と言ったのです。良かったー! はい! 言います! 任せてください! 4回のリハーサルを終え、いよいよ本番です。

そのときです。台本を持った女性ADが、僕の所に駆け寄って来ました。そして、「台詞が違います。確認お願いします」と言ったのです。え!? このタイミングで!? もう僕はパニックです。無理だ。僕の口は、もうアレンジの口になっています。どうしよう。台詞がまとまらないまま、監督のスタートの掛け声。時間が流れるのが速い。もう、僕の番です。やるしかない！　が、台詞が、全く出て来ませんでした。カット！　みんな、信じられない様子でした。

台本を見直して、テイク2。今度は、台詞は出て来ましたが、噛みまくりました。恐らく、全文字噛んだと思います。テイク3は、噛んだ文字数は減りましたが、噛みました。とうとうテイク4です。苦しいです。でも、救われたのは、誰一人嫌な顔をしないのです。

松重さんなんて、僕のそばに歩み寄って来てくれ、「内間さん、役者ってのは、アコギな商売なんで、適当にやってください」と、ボソッと呟いてくれました。それでも、僕のNGは止まりません。ただ、その度にみんなの愛に助けてもらいました。

テイク6では、天海さん、テイク7では、草笛さんが、なんと台詞を飛ばしてしまいました。お二方共「あら、やーだー。ごめんなさい」と謝っていましたが、僕は、僕の気を楽にさせるための、愛の行為だと思っています。そして、運命のテイク8。とうとう何とか成功することができました。みんなの拍手に包まれて、申し訳ない気持ちと、それ以上に愛を感じられて幸せでした。皆さん、是非、この映画をご覧になってください。僕は、この映画を観て、自分の演技に度肝を抜かされました。なぜなら、演技がぎこちなさ過ぎて、僕だけコマ送りに見えたからです。

僕の理想は、台詞を正しく言えて、自然な演技をしたかったのですが、ほど遠いものでした。ですが、あのときは、恥ずかしさ、悔しさ、惨めさ、悲しさ、恐怖と様々な感情を感じられることができました。でも一番良かったのは、その中でも愛の感情を感じられたことです。これも、僕が失敗したからこそだと思います。

闇営業問題での謹慎《きんしん》処分が解けた頃、僕はずいぶん精神的に落ち込んでいました。そんなときに、行きつけのバーのマスターから「慎吾《しんご》ちゃんが心配しているよ。もし良かったら、来ないかい？　と言っているよ」と、メールが来たのです。慎吾ちゃんとは、あの柳沢慎吾さんのことです。何という愛でしょう。嬉しかったです。

慎吾さんとは、行きつけのバーが一緒なのですが、わざわざ僕のことを心配してくれ、マスター経由で僕に連絡をしてくれたのです。店に行くと慎吾さんが陽気に迎えてくれました。そして、あの件には一切触れずに、ずっとモノマネをしてくれ、僕を盛り上げてくれるのです。そんなふうに元気づけてくれる先輩は、見たことがありません。

オープニングは、発泡スチロールのブロック塀をカメラ代わりにカメラマンとディレクターに扮し、ザ・ベストテンを再現してくれ、極め付きは、「ひとり甲子園」までしてくれました。特にひとり甲子園は、圧巻でした。カラオケで岩崎良美さんの「タッチ」の曲をかけながら、1998年の延長17回の死闘を繰り広げた準々決勝「横浜高校対PL学園」を再現します。

長時間の試合をタッチの3分8秒の曲内で、ピタッと誤差なくまとめる芸は、もはや芸術だと思いました。本当に優しい先輩です。

以前、たまたま慎吾さんと2人っきりになったときがあります。そのときに突然慎吾さんが、「内間くん、一緒に写真を撮ろう」と言ってきました。驚きました。なぜなら、だいぶ前に、僕が写真をお願いすると、「オレ、写真ダメなんだよ」と、断られたからです。実は、あのときは、他にお客さんが大勢いたため、僕と撮ってしまうとキリがなくなるという恐れがあったから、断ってしまったそうです。でも慎吾さんは、僕を断ったことで、ずっと申し訳ない気持ちでいっぱいだったそうです。僕は、僕の気持ちを大切にしてくれた慎吾さんの人間愛を感じ感動しました。

普通に生きていても、もちろん愛を感じられる場面は沢山あると思います。でも、失敗することによって、今まで感じられたことのない愛が強烈に感じられることもあると思います。僕は、そのことを体感させてくれた方々に、本当に感謝の気持ちでいっぱいです。そして、僕と繋がる方々に、そのことを伝えていきたいです。

〈第3章〉

僕は恐れ過ぎている

遅刻を恐れていることを「良し」としたら、むしろ早く起きるようになり、時間にゆとりが持てるようになった

僕は心配性です。特に遅刻を恐れていました。遅刻をすると人に迷惑をかけます。僕にとって、人に迷惑をかけることは、大罪です。その上、怒られます。またその後の気まずい空気に耐えることなんて、僕にはできないと思っていました。だから僕は、遅刻をするのを想像しただけでも若干焦ります。

以前、予約した病院へ、時間に余裕を持って車で向かっていました。ところが急に道が混み始めたのです。まだ時間に余裕があったので、動揺はしませんでしたが、しばらくすると、車がどんどん動かなくなってきて、挙げ句の果てには全く動かなくなったのです。信号機が青に変わってもです。嘘だろ!?　時間はどんどん進みます。そうなると胸が圧迫されてきて、頭の中では鮮明に遅刻の映像が浮かんできま

す。「僕が遅刻をしてしまうと、先生に迷惑をかけ、もしかしたら次の患者さんのときに到着してしまい、そうなると割り込みして診察を受け、迷惑をかけるかもしれない」と。

そこまで思い描いてしまうと、もう汗が止まりません。汗が目に入り、涙のように溢れます。遅刻して嫌な思いをするくらいなら、いっそ今日は諦めようと、車を路肩に止め、病院に急用が入ったため行けないという連絡をしました。ホッとしました。すると今度は、果たして間に合ったのだろうか？　と気になり、病院に向かってみました。そしたら何と予約時間の少し前に到着したのです。何だったんだ！

あの決断は!?

私用ですらこういう状態の僕ですから、仕事ともなると絶対に遅刻なんてありえません。だからどんなに無理してでも早く起き、現場に向かっていました。ひどいときは、入り時間の1時間前に到着する日もありました。

しかしどんなに注意してても、不覚にもしてしまったのです。しかも大遅刻です。それは2011年の頃でした。その頃の僕は、仕事に全くついていけず、常にテンパっていました。だから、そのストレス発散と眠るために、毎晩深酒をしていました。その日も行きつけのガールズバーで緑茶割りをしこたま飲みながら、仕事で笑いを取れなかった分、ここで挽回しようと、がんがんガールズにボケていました。一日で唯一楽しめる時間です。ただそのとき、一つ気になっていることがありました。それは翌朝が早く、6時10分発の便で沖縄に行かなければならないということです。

ちなみに仕事内容が、芝居で地域をPRする動画を撮るらしく、ロケ地を回るびっしりなスケジュールでした。だから少しでも時間をズラすことはありえません。無論、遅刻なんて論外です。でも、そんな緊張感の中でも、僕は飲まないとやってられなかったのです。あと僕には少し自信がありました。なぜなら、これまでに一度も遅刻をしたことがなかったからです。だからいつものように酩酊状態に陥り、理想の状態の中で2時頃に眠りに就きました。

そして気持ち良く目覚めました。でもそのとき、一つだけ違和感を感じました。それは目覚まし時計が鳴っていなかったのです。僕は必ずセットします。パッと時計に目をやると、6：00。「え!?……」と、パニック過ぎて体が固まっている間に、もう6：01。でもどうすることもできません。どんなに最新の量子力学《りょうしりきがく》を使っても、今のところ移動は無理です。

でも人間って不思議ですね。もう無理だと悟った瞬間、冷静になりました。僕は、とりあえずシャワーを浴びました。そのとき、初めて時間がゆったりと流れているのを感じました。大分遅れて到着した僕は、スケジュールを一つ飛ばしていました。それは、記者会見でした。しかも実は芝居の主役は僕だったそうで、主役不在の記者会見だったそうです。大変なことをしでかしてしまいました。

しかし、そんな失態を犯した僕に、誰一人責めずニヤニヤしながら僕を包んでくれて、恐れていた事態は起きなかったのです。失態だと思いますが、拍子抜けでした。僕の悪い妄想が、強烈過ぎたのです。

この経験を経て、もちろん遅刻をしないように心掛けることは大事だと思いますが、「気にし過ぎる」と、自分にかなりプレッシャーを与えてしまいます。そして僕の場合は、ありえないくらいの恐ろしい妄想を自分に見せ、自分を制していたと思います。

本当の敵は自分でした。それに気づくと、もっと自分と仲良く生きたいなと思えるようになりました。そのためには、自分の気持ちを尊重してあげることが大切だと思います。「遅刻したくないな」「遅刻したら怖いな」「こういうことを考えるのも面倒臭いな」など、あらゆる感情を分かってあげ、しかもそれらを思ったとしても「良し」としてあげることで、健やかに生きられると思います。

僕は、遅刻を恐れていることを「良し」としたおかげで、不思議と自然に早起きをするようになりました。しかも目覚ましのアラームはセットしますが、必ずアラーム前に起きます。恐らく「遅刻」に、あまりとらわれなくなったからだと思います。今現在、まだ外は日が出ていません。今日は早く起き過ぎました。

自信がないわりに、自分は何となくツイてると思っているので、ポジティブな現象が起こる

僕は自分に自信がないわりには、不思議と「自分はツイてる」と思っています。確信は持てませんが、恐らくお袋の日中夜の「アンタの鼻は高くて、恵まれているさ～」の言葉が、潜在意識に染み込んで、観念になっていたのかもしれません。僕は自分が追い込まれたときに、それを発揮することがあります。

続けて、寝坊の話で恐縮です。

ある日、早朝起床して愕然としました。なぜなら5時40分だったからです。というのも、その日は、6時8分東京駅発の新幹線に乗らなければならず、遅くても5時半までには、家を出なければなりませんでした。ただその前に、一つ悔やまれる

ことがあります。それは、一度4時に起きているのです。でもそのとき僕は、早過ぎると思いました。ただ、二度寝は怖い。だから、ソファでボ～っとしながら起きて時間を潰そうと考えたのです。ソファって心地良いですね。自然と軽く目を閉じてしまいました。体感では10分ほど。時計に目をやると、なんと5時40分！　僕は、「ぬぁに！」と、発したことのない単語も飛び出し、一瞬で着替え、家を飛び出しました。その速さは、プロ野球現役時代のスーパーカートリオの一人屋鋪要選手を彷彿させたと思います。そこにタイミングよく空車のタクシーが。まさに、飛び乗りました。勢いよく飛び乗ってきた僕の雰囲気が尋常ではなかったのでしょう。

通常なら運転手さんはお客さんに、「どちらまでですか?」と聞くと思いますが、「どうされましたか?」と心配されました。それに対して、興奮絶頂の僕は「6時8分の新幹線に乗りたいです」と伝えました。もはや会話になってません。

恐らく20代前半くらいであろう若い女性の運転手さんはかなり冷静で、さすがに不可能とのことでした。遅刻決定です。仕方がありません。マネージャーに電話で伝え、遅刻のロスを最小限に抑えるために、新幹線から飛行機に切り替え、羽田空港へ向かうことになりました。道はかなり空いてて快走。明るくなってきた空を窓から見上げながら、「こんなに空いているんだったら、二度寝したとしても、もう少しだけ早く起きられていたらな」と悔やんでいると、運転手さんが、「お客さん、もしかしたら、6時6分くらいには東京駅に着けるかもしれませんが、どう致しましょうか？」と言ってきたのです。

「ぬぁに！」と、あまりの驚きで本日二回目が飛び出してしまいました。ですが、東京駅に間に合うという保証はありません。あくまでも可能性の話です。だから、軽はずみな判断はできない。仮に東京駅に向かったとしても、新幹線に乗れなければ大遅刻で、被害が更に拡大します。飛行機なら最小限の遅刻。駅か？　空港か？時間がありません。どうしよう。そのときです。「オレはツイてる」という、自分の声が聞こえました。明らかにハッキリとした自分の声です。不思議なのですが、それが僕の内から湧き出ているのをビンビンに感じました。なら、一か八か「東京駅でお願いします！」「かしこまりました」

その瞬間、明らかに運転手さんの目付きが変わりました。「ヴォイーン！」と、エンジン音も明らかに変わりました。そして、オートマ車をマニュアル車のように、随所にギアチェンジをしてきました。更に、僕はこれまで何度も東京駅に行ったことがあるのですが、見たことのない地下道に入っていくのです。ここはどこだ⁉ ワープゾーン⁉ 迫力のあるGを感じながら車間を綺麗な流線型にドライビング。速度のわりには、ゆったりとして何かに吸い込まれていくような空間。この娘は何者だ⁉ あっという間にもうすぐ到着。間に合った……いや、まだ会計が残っている！ 万事休すか⁉ すると、目の前に彼女の手のひらが現れてきたのです。そしてすかさず、「ここでメーター切りますね。お会計を」と。半身で運転中の彼女の左の手のひらに料金を支払い、全てが終了。

助かった。感謝の気持ちから後日お礼をしたくて、名前を尋ねると、「名乗るほどでもございません。お気を付けて」の一言だけ。カッコいい（涙）。無事に僕は、当初の予定通りの新幹線に乗ることができました。名前も知らない運転手さん、あのときはありがとうございました。

今振り返っても、あれは夢じゃなかったのか？ と思えるほどの現実離れした出来事でした。更にあのおかげで、僕の「オレはツイてる」という、自分の中に眠っていた観念を、体感することができました。それも含め感謝です。

これからもあらゆる場面でこの観念を使って、心地良く生きていきたいです。でも人間って忘れる動物ですね。先日、タクシーに乗ったときに、自分の思い通りに事が運ばず、あの日の運転手さんならなと不満を感じ、自分の観念を忘れていました。でもそれが人間かもしれません。そうはいっても、自分と対話をし、向き合ってみると、僕のもっと奥に眠っていた観念が見つかりました。それは、実は僕の観念は、「オレはツイてる」ではなく、「追い込まれたときに、オレはツイてる」でした。自分との対話で、言葉を聞いてあげると、自然にその言葉が出ています。

現に僕は、既にこの節の冒頭で「追い込まれたときに」という言葉が自然に出ていました。人間は、気づかない間に観念しか出ていないのでしょう。また、自分の観念を心底理解したときに、新たな観念も生まれると思います。

余談ですが、現在この本を書いてて、なかなか進まず、ツイてる状況ではありません。もしかしたら僕が、まだ追い込まれてないからかもしれません。だから編集者さん、僕を追い込んでください。

責任を負いたくないので、自己主張をせずにいると、良い波がやってくる

とにかく僕は責任を取りたくありません。そもそも責任を取るというのは、どういうことなのでしょうか？　僕には、謝るイメージしかありません。そして、その謝るときの精神状態が大嫌いなのです。悪いと思っているときならまだしも、悪いと思ってないときは最悪です。でもそれでも謝らないとならない。

だから僕は、仮に良かれと思って行動を取ったとして、謝る結果になる可能性があるのならば、意思表示をしないことを選びます。最近、家でよく料理を作るのですが、僕は寸分の狂いなく、クックパッドのレシピ通りに作ります。なぜなら、もしイマイチだった場合、責任はクックパッドにあるわけですから。僕はただ、レシピに従っただけで、全く責任はございません。

そんな無責任な僕が、8年前に中古の一戸建て住宅を6000万円で購入しました。頭金0の35年ローン。残り27年です。なぜ購入したのだろうか？　と自分でも狐につままれた気持ちですが、ただハッキリと言えることは、意思表示はしていません。ただ波に身を委ねたら、購入することができたのです。

それは、TBS「さんまのスーパーからくりTV」のプロデューサーさんの一言から始まりました。あるロケに出演させてもらったコーナーがOAされ、数日経った頃に突然、担当ディレクターさんから電話がかかってきました。それは、そのコーナーが高視聴率だったのでお祝いしたいという連絡でした。

そんなことってある!?　若手の1コーナーで!?　僕が芸能界歴が浅くて知らないだけ!?　と不思議に思いながらも、指定されたイタリアンに行ってみると、そこにはディレクターさんだけでなく、なんとプロデューサーさんまでいたのです。そしてその御二方がスタンディングオベーションで迎えてくれました。そこですかさずディレクターさんが、「内間さんのおかげで高視聴率でした！」と大喝采。料理もフルコースでもてはやされての手厚い接待で、何もかもが初めての体験でした。

ひと段落つき「これが芸能人か～」と、僕が有頂天でシャンパンを飲み干したその瞬間、プロデューサーが指をパチンと鳴らしたのです。
「実は内間企画第2弾を考えているんですよ！　スリム内間、家を買う！　どうでしょう？」。え!?　時が止まりました。それとは別にビックリしました。なぜなら、実は僕は、3ヶ月後にマンションの契約切れで、ちょうどこのとき、引っ越しを考えていたからです。

自己主張をしていないのにもかかわらず望む波が現れたとき、それに身を委ねるのが僕の定石です。しかし住宅となると、僕一人だけで決断するわけにはいきません。ですから僕は、嫁の波に身を委ねることにしました。それを持ち帰り、嫁に尋ねてみると、嫁の波は「GO！」。高波です。僕はそこにノープラン&手ぶらで乗ってみました。こうして企画がスタートしたのはいいのですが、番組的にも個人的にも、期間が3ヶ月間しかありませんでした。急ピッチで進めますが、番組が用意した物件はどれも面白物件ばかりです。例えば、6坪の狭小住宅や100坪の超広大物件などで、また気に入ったのがあっても都内まで2時間という物件で条件が合いません。

そんな中でも僕は、不安ではありませんでした。なぜなら、僕が自己主張せずにいると、必ず良い波がやってくると信じていたからです。僕はサーファーのようにひたすら良波を待ちます。やっと来ました！　乗れました！　あとはローン審査！ただそれが、僕らの業種にとってはかなりの大波です。僕みたいなひ弱な男では到底無理です。

しかし、行員さんが思考を凝らして、ウルトラC級のイカダを用意してくれたのです。多少海水を飲みましたが、何とか岸にたどり着くことができました。S銀行さんありがとうございました。ただ、期限ギリギリだったため、入居日と前のマンションの引っ越し日が、1週間空いてしまいました。ということは、この期間、どこかに住まなければなりません。ただこのときも僕にとっては、ラッキーな波でした。嫁と娘は、嫁の友人宅にお世話になったのですが、僕だけウィークリーマンションで独身生活を堪能《たんのう》することができました。

そんな経緯を辿って無事に入居をすることができたのです。ホッとしました。が、それも束の間で、やはり人生色々なことが起きますね。当初は、「2LSDKで最高の物件！」と喜んでいたのですが、蓋を開けてみると、少し気になるところが見つかりました。（ちなみに、僕はこの家を内見したのは1回、嫁は3回）。端的に言うと、断熱材が足りず寒いです。8月くらいから底冷えが始まります。一瞬ここは屋外？　と戸惑うこともあります。あと、湿気がひどいです。ある部屋に白カビが発生します。開き直って、「これは粉雪です」とボケても、一度もウケたことがありません。後々、部屋とボケを改善していこうと思います。まっ、この二点を除けば、そこそこ快適な暮らしをさせてもらっています。

いかがでしょうか？　僕のサーファー生活は？　ただ僕は、この生き方が好きで、楽だからやっているだけです。

僕が思うのは、それぞれが好きな生き方を選択して、そんな自分を信じてあげると、望んでいた現象が自ずと目の前に現れてくると思います。実際に、僕の家庭での買い物事情において言いますと、ここ数年で自己主張せずに手に入れた物品は、車、テレビ、ソファです。ちなみに、全てローンです。

相方とコンビを組んでから人生が変わっていった、相方はそんな存在

僕にとって相方は、単なるパートナーではなく、人生の恩人だと思っています。僕と相方は真逆のタイプの人間です。特に人生観についてがそうです。人生において僕は、形式を大切にするタイプで、相方は、感情を大切にするタイプでした。

相方は、僕の発言で衝撃を受けた一言があるそうです。それは、スリムクラブを結成したばかりの頃でした。相方が僕に「内間の長所を教えて？」と、聞いてきました。その時僕は、自信を持って「誰のどんな言うことでも聞けます！」と、答えたのです。

それは自分を殺している残酷な発言です。今振り返るとゾッとしますが、そのときはそんなことは微塵も思わず、むしろ柔軟な思考の持ち主で、みんなに喜んでも

らえていると思い、誇らしかったです。更に、その性格は天性なもので、もっと磨きをかけたいとも思っていました。

しかし、「誰のどんな言うことでも聞けます！」は、不可能です。真逆の人間がいた場合、どちらの意見にも従わなければなりません。そして、それを実行するためには、自分を消さなければなりません。消すには、「我慢」が必要です。何を「我慢」したらいいのでしょうか？「感情」です。

僕は、感情を抑え我慢することが、大人になる過程で最も大事なことだと思っていました。だから、苦しければ苦しい程、成長していると感じ、喜んでいました。

また、他にも先程の自分の発言に対して、気になる点を見つけました。それは、「聞けます！」という発言です。「聞きます！」ではなく、「聞けます！」なのです。そこには、自分発信で積極的な生き方ではなく、受け身で、このラインまでなら何とか耐えられるという、消極的な生き方が隠されていると思いました。極端に言うと、奴隷的な生き方です。発展ではなく、死なないための。だから僕は、いつも誰かの指示を待ちます。指示がないと動けないのです。指示があると楽なのです。どんな指示でもいいです。下さい。

そんな生き方の僕を誰よりも早く見抜いた相方は、まず僕に、ある言葉を伝えてきました。それは、「お前はお前で良いんだよ。お前のために生きよう。それが、幸せじゃない?」という言葉です。それを聞いて、「今更この人は何を言っているのだろう」と思いました。なぜなら、僕もそう思っていたからです。だからこそ、自分の幸せのために、感情を我慢していたのです。ですから、僕の行動は変わりませんでした。

それでも相方は、諦めませんでした。暇さえあれば執拗に、会話、電話、ラインなどで僕に語りかけてきます。ほぼ毎日です。すると、僕の考えに変化が起きてきました。それは、僕が思っていた幸せは、どうやら幸せではないかもということです。というのも、これまでに嬉しさや喜びなどの「幸せ感」を、あまり感じたことがないのに気づいたのです。驚きました。僕は、「幸せ感」を得るために、自分の感情を我慢し、周りから求められていると思われる行動を取っていたのですが。

幸せとは「心」で感じるものです。それなのに、感情を我慢していると、いつまで経っても「幸せ感」を得ることはできません。このことは、一桁の足し算くらいのレベルの計算だと思います。でも僕は、小さい頃から、他人の意見や提案に従うことで、「幸せ感」に浸れる場所に連れて行ってもらえると思っていました。しかも、正しい行動はこれしかないと思い、より「我慢」に力を注ぎ、ストレスで疲れていきました。

そのことに気づかせてくれたのは、相方です。そのお陰で、これまでの自分のミスの理由について、辻褄が合うようになりました。

スリムクラブのネタは、相方が書きます。僕はそのネタをドキドキしながら台本ができ上がるのを待ちます。ワクワク（安心）ではありません。ドキドキ（不安）です。なぜなら僕は、ネタを演じるのが苦手だからです。だから、早めに台本を貰って、何度も何度も繰り返し読み返さないと、不安で仕方がありませんでした。ここで断っておきますが、何度も何度も繰り返し読み返しても、うまくいくことは殆どありませんでした。以前、「森光子さんが大好きです」という台詞を、「森公美子さんが大好きです」と、言ってしまったことがあります。最悪です。人名が違えば、世界が変ってしまいます。台無しです。本当に申し訳ない。1分のネタだったのですが。

他にも、ある台詞を長期間、言えなかったことがあります。それは、「叩かれたと思いました」という台詞です。台詞を100%記憶はしています。ですが、言いにくく噛んでしまうのです。だから物凄く慎重になります。、慎重になり過ぎると今度は、「タタカーレタ、と思いました」と、地中海地方のイントネーションと切り方になってしまうのでした。

また、ある日の舞台の出番直前に舞台袖で、相方に僕の台詞の変更をお願いされました。そのときは、コントで、優しい一般人役の僕が公園で日向ぼっこしているところに、奇人の相方が現れ、一方的に僕に絡み、僕が怯え続けるという物語でした。台詞の変更部分は、相方が登場してきて、初めて相方に投げかける言葉です。出番直前という緊張感と、相方のあの声のというのもありますが、正直よく聞き取れませんでした。そして、その台詞で成立するのだろうか？　と思いました。そんな状態で舞台に出て行ったのです。そして、予定通り相方が登場してきました。そこで僕が、聞いたであろう、「What's me?」と、言ったのでした。一同ポカーンとしました。誰よりも相方が一番ポカーンでした。直訳すると、「私は何?」です。公園で出会った奇人に対してです。一応僕は、ツッコミです。ちなみに相方は本来僕に、「何だチミは?」と言ってほしかったそうです。何と僕は、「何だチミは?」を「What's me?」と聞き間違えていたのです。

このような様々な僕のミスは、ずっと僕の技量不足だと思っていました。だから、もっと鍛練が必要だと思っていました。でも一番の原因は、それではないようです。

それぞれの場面で共通していることがあります。それは、どれも僕の精神状態が「不安」と「緊張」なのです。そして僕は、それが、何かを試みるときの正常な状態だと思っていました。でも相方は違いました。「安心」と「楽」でやりたい。言いたいことは分かります。しかし、それは「技量」を身に付けた人の話ではないのですか? このことも相方に言わせれば、「安心」と「楽」な人が、「技量」を身に付けることができるそうです。僕とは逆です。では、僕みたいな人は、先ず、何をしたらいいのでしょうか? それは、自分の感情を大切にし、自分に優しく接してあげることらしいです。

一度相方に、「叩かれたと思いました、が言えないんだけど、どう練習したらいいと思う?」と相談したことがあります。すると相方が、「今、言えているよね?」と、言ったのです。ビックリしました。それは、言えているのと、なぜ舞台では言えないのかに対してです。一体、今と舞台では何が違うのか? それは、精神状態です。今は、「安心」と「楽」で、言いにくい台詞に対して、何も意識していませんでした。ところが、舞台となると、「うまくいくだろうか?」「正しく言えるだろうか?」「ちゃんとしなければならない」と、「不安」と「緊張」を呼び起こしていたのです。

それを踏まえて、色々分かってきました。「不安」と「緊張」の下では、記憶力も乏しくなり、まともに話せなくなります。What's me? 事件では、人の話は一度で聞かなければならないというプレッシャーからでした。あのとき、聞き取りづらくて疑問があったのなら、聞き直せばよかったのです。そうすれば、感情が満たされ、「安心」と「楽」が舞い込んできたと思います。

相方の口癖は、「不安と緊張で台本通りできるより、安心と楽で台本通りにできない方がいい」です。台本を書く側から出た発言です。僕にとって信じられない発言でしたが、それが自分を癒やす一歩だと感じられました。そして、人間は結局、自分が信じたモノでしか生きていないと思いました。僕は、相方のお陰でそのことに気づかせてもらいました。そして、観念が変われば、信じるモノも変わると思います。

人それぞれいろんな人生があると思います。そして、誰に何を言われようが、当事者しか感じることができないモノがあると思います。僕は僕で生きるし、それで生きるしかないと思います。どうせ生きるのなら、自分が得したと思える生き方をしませんか？　そのためには、とことん自分の気持ちに寄り添うことが大切だと思います。僕はお笑いが苦手です。でもそれは、お笑いを意識したときにです。でもお笑いは好きです。だから僕は、これからはお笑いを楽しむためにお笑いを意識しないようにします。ただ、もし今後、不甲斐ない場合は、ご了承ください。

動物は怖くて苦手だったが、ある事件で、全ての生命体と繋がっているのかもしれないと思えるようになった

僕は犬が苦手でした。原因は小6のときにあります。年が明け、ウキウキ気分で近所を散歩していると、向こうから顔見知りのおじさんが犬を散歩させ、やって来ました。いつものように挨拶を交わし、しばらく歩いていると、突如、犬だけがUターンし、僕を襲ってきたのです。何かを思い出したからなのでしょうか？　もしくは、僕のウキウキ気分が気に入らなかったからでしょうか？　よく分かりませんが、犬は、なんの迷いもなく僕の左膝を噛みました。確かドーベルマンだったと思います。

痛みよりも驚きが勝り過ぎて何も言えず、とりあえず、家に戻り、流れる黒い血を止血していると、さきほどのおじさんが心配して来てくれました。でも、心配よ

りも圧倒的に動揺が勝っていたおじさんは、「この血の色なら大丈夫さ〜」と言った言葉が今でも納得できません。この出来事で犬に恐怖を覚え、僕はチワワが近寄ってきただけでも、逃げ出してしまうようになりました。

僕は、他の動物ともうまくいきませんでした。まずはメジロです。周りで犬や猫といったペットを飼うというブームが起きました。僕は犬は苦手でしたが、周りの影響を受け、何かしらペットを飼いたいという気持ちが強くなり、両親に相談してみました。すると、何かしら飼おうということになり、親父が「何かしら手に入れてくるから」と、家を飛び出して、持って帰ってきたのが、メジロだったのです。ビックリしました。何かしらのペットで、まさか小鳥とは。実は、親父は畑を持っており、そこで鳥籠に仕掛けて確保したそうです。今思い返すと、気持ちがまとまらず、適当な気持ちで飼うのは良くないですね。浅い知識で餌として与えていたバッタをメジロは喉に詰まらせ死んでしまったのです。ショックでした。もうこんな思いはしたくない。それでも人間は、同じ過ちを犯しますね。今度は、周りで熱帯魚ブームがやってきました。僕はまた適当な気持ちで飼ってしまいました。それはピラニアです。なぜ飼ったのか？　安かったからです。ただそれだけの理由でした。

通常、ピラニアは1匹800円程度なのですが、そのときは、たまたまアクシデントで左目を負傷しており、400円だったのです。それを5匹買いました。たまたまでみんな同じ左目を負傷するとは、どういう生活をしていたのでしょうか。そして、その欠落で価格を決定する人間とは何なんでしょうか。

言い出したらキリがありませんが、そういえば、ある昆虫屋さんで、あまり腑に落ちない広告を見たことがあります。それはコオロギの特売日で、店内の壁に「只今、コオロギ50％増量！　共食いされてもさほど気にならない！」と、書かれた紙が貼られていたのです。この文言で買いたくなります？　……話を戻します。僕は、そんな適当な気持ちでピラニアを飼ってしまいました。

ピラニアはアマゾン川などに生息する生命力の強い生物です。僕はまた浅い知識からそれを過信し過ぎて、酸素を与えず真水で飼っていると、死んでいたのです。最初寝ていると思っていましたが、そうではありませんでした。悔やまれます。そんなこともあり、僕は動物が苦手という気持ちが強くなりました。

そして衝撃的な日が来てしまいます。深夜、帰り道、車を走らせていると、突然、目の前に茶色い物体が現れたのです。危ない！　急ブレーキを踏みましたが、間に合いませんでした。ドーン！　という衝撃の後、確認すると、それは猫でした。猫は横たわったままです。どうしよう。その瞬間です。助手席の窓をノックするおじさんがいるのです。窓を開けるとおじさんが凄い形相で「一緒に病院行くぞ！」と言ったのです。その一言のおかげで、おじさんと猫と一緒に、おじさんの指定した動物病院へ向かいました。

おじさんは、たまたま通りがかった酔っ払いでした。それでも猫を見捨てることはできなかったそうです。深夜1時過ぎに病院に到着しましたが、開いていません。それでもおじさんは、気兼ねせずに何度もインターホンを鳴らし「すみませんー！急患ですー！」と叫び続けます。僕も自然と猫を抱えながら叫び続けました。猫だけが静かです。

とすると、眠気まなこの院長らしき人物が、こんな深夜に何事だという表情で現れました。僕らが必死で事情を説明すると、向こうは猫に無料で注射を打ってくれ事なきを得ることができたのです。

実際に猫の鳴き声が力強くなりました。おじさんのおかげで全てがうまくいきましたが、ただ、おじさんを送り届けた先があんなにも遠いとは思ってもいませんでした。なぜあの場所を歩いていたのかが謎ですが、結果オーライです。そして猫は、元気になるまでは自宅で預かろうと、2階建てで誰も住んでない1階で猫を寝かせたのですが、不思議なことに翌日いなくなっていたのです。完全に密室ですよ。それで、あることを思い出しました。それは、既に亡くなっていたのですが、そこは以前、祖母が住んでおり、そのときに押し入れに野良猫が住み着いていたことです。優しい祖母は、無理に追っ払わずに住まわせていました。そして、子猫も沢山生みました。まだ小さかった僕は、あまり記憶にありませんでしたが、思い出させてくれました。

もしかしたら、僕が轢《ひ》いた猫は、確証はありませんが、あのときの猫の子孫だったのかもしれません。そして、僕に何か伝えたくて現れたのかもしれません。結局のところ分かりませんが、でも僕の感覚は、変わりました。動物は会話はできませんが、同じ生物だと思えるようになりました。

そんな意識になったからかは分かりませんが、動物に助けてもらったことがあります。あれは、友達の家へ行くために初めて訪れた町でのことです。家へ帰ろうと駅を探しても、土地勘が全くないのもあって、見つからないのです。辺りは草木が満ちた田舎で、人っ子一人いません。ケータイも充電切れです。疲労困憊《こんぱい》で不安に駆られました。

どうしようと途方に暮れていたときです。突然、ゴーン！と頭に強い衝撃を受けました。何!? そこを見てみると、それはカラスでした。そして、どんどん僕を攻撃してきます。やばい！ 殺される！ 僕は無我夢中で一目散に必死に逃げました。すると駅に着いたのです。偶然でしょうか。僕は、助けてもらったと思っています。

この世に存在しているのは、決して人間だけではありません。動物、自然、目に見えないエネルギーなどと様々な物が存在しています。そして、全てが繋がっているかもしれません。そこを信じるか信じないかは自由ですが、そう思えるなら行動も変わってくると思います。現に僕は、犬が苦手ではなくなりました。

最近、友達が飼っているチワワに自分からかなり戯れます。向こうが嫌がるくらいに。

物事に対して消極的なので、自分と逆の性格な人が現れ、教えてくれる

僕は物事に対して消極的です。先日もマイカーの「残クレ」の期限が迫っているときに、今後どうするかと嫁が資料を調べてて、僕は何もせずにYouTubeでキャンプ動画を見ていると、痺れを切らした10歳の娘に「パパはいつも他人事だよね？自分事にして」と言われたばかりです。そういう性格だからでしょうか、僕と逆の積極的な人が寄ってきます。

あの日のことは今でも忘れられません。学芸大学駅の賑やかな商店街から一本外れた人通りが少なく薄暗い筋道を歩いていました。すると、後ろから歩いてきた男性に「スリムクラブの内間さんですよね？」と声を掛けられたのです。僕が、そう

だと答えると、その男性は続けざまに「少し時間あります？」と聞いてきました。え？　勧誘？　男性は、短髪刈り上げで筋肉質の関西訛り。何となくノリが合いそうもなかったですし、それよりも実際に用事があったので、「すみません。ありません」と答えると、彼が「じゃあ、一瞬だけウチの店に行きましょう」と言ったのです。会話として成立しませんが、なぜか不思議な感覚に陥ってしまい、一瞬だけ店に行くことにしました。そこは、ラーメン屋さんでした。従業員に挨拶をし、サインを書き、本当に一瞬で立ち去りました。その後、用事を終えたのですが、なぜださきほどのラーメン屋が気になっていました。何かに導かれるように店に入ると彼が、「また来たんかい！」とアットホームな出迎え方をしてくれました。

店主の彼は、奈良出身で僕より二つ上の辰巳さんという方でした。大阪で商売をしていたのですが、東京でやってみたいという想いから、2度目の上京でオープンさせたそうです。塩系のつけ麺、ラーメンが売りの店。ラーメン美味かったな！

僕は再来を約束し別れました。

年が明け、休みだった僕は漫画喫茶の個室にいました。僕は、一人で漫画に没頭するのが最大のリフレッシュです。すると、突然ドアをノックされました。ん？店員からの何かお知らせ？　とりあえずドアを開けてみると、そこには、なんと辰巳さんがいたのです。何で!?　実は受付で僕を見かけたらしいのです。ここにもいるの!?（笑）。それがキッカケで、店主と客の関係から友人になりました。

早速、食事に誘ってもらい、行くと、そこには予想外にも、もう一人男性も来ていました。聞くと、辰巳さんの後輩らしく、近々結婚するそうです。そこで、辰巳さんが僕に「兄弟！　結婚式で流したいから、お祝いメッセージを撮ってあげてや！」と、豪快に言ってきたのです。信じられませんでした。僕は、辰巳さんとまだ関係も浅く、しかも最初の食事です。それなのに動画撮影！　それと、僕のことを「兄弟」と呼ぶ！　何という積極的さ！　ちなみに僕は、今では彼のことを「兄貴」と呼んでいます。

というわけで、店内で動画を撮ったのですが、なぜか辰巳さんが僕の隣で映っており、そして僕以上に喋っているのです。式当日、会場にいた辰巳さんから、動画が盛り上がったと、お礼の連絡がありました。しかし、普通、式に参加している人がお祝いメッセージに出演します？

そんな兄貴は、ラーメン屋を畳み、新たなステップアップのため、居酒屋と唐揚げ屋で働き始めました。しかもバイトです。やはり積極的です。周りは、自分より半分以下の年齢だそうです。よくそんな環境で働くことができるなと、店に顔を出してみると、目を疑いました。馴染んでいるどころか、仕切っているのです。店長をもですよ。積極的って素晴らしいですね。

なぜこんなに兄貴が積極的になったのかは分かりません。元々そういう環境に育ったからかもしれません。ですが、一度兄貴からこんな話を聞いたことがあります。19歳の頃にバイクで車に激突し大事故を起こしたそうです。3日間意識不明。そして目覚めたときに医者に言われた一言が、「右足切断」。目の前が真っ暗になったそうです。そんなときに奮闘してくれたのが、激突された車に乗っていた看護師の女性で、その方の計らいで他の病院に転院し、18時間の緊急手術をし、切断を免れたそうですが、その後、一年半の入院を余儀なくされたそうです。

壮大な人生ですね。そのときに人の愛に触れ、生きている喜びを噛み締めたそうです。もしかしたら、そのことがあって、積極的に人生を楽しもうと腹を括ったのかもしれません。それからの兄貴は、かなりの積極的人生です。友人が、藤井フミヤさんのバックバンドをしたときには、終演後、誰の許可も得ず、ズカズカとフミヤさんの楽屋に行き写真を撮ってもらったり、街中でキムタクさんを見かけたら、物怖じせず握手を求めたり、あと、どういう理由でかは分かりませんが、鳩山元総理と一緒に飲んでいる写真もありました。破茶滅茶です。

とにかく全力に生きている兄貴の口癖は、「一度っきりの人生やでー！　腹括って積極的に楽しもうやー！」です。そんな兄貴は、2022秋、拠点を湘南に移し、「食堂　ゴールドラッシュ」という、つけ麺と唐揚げメインの店をオープンさせました。ちなみに店名は、一度目の上京のときに影響を受けた、20年前の映画のタイトルだそうです。その映画の中での大友康平さんの役の大ファン過ぎて、これまで大友さんのことを一度も大友さんと呼んだことがなく、ずっと役名の村ちゃんと呼んでいます。この調子だと、いずれ村ちゃんとのツーショットも実現するかもしれません。

もしかしたら積極的とは、楽しいことかもしれません。でも、人それぞれ積極的の度合いがあると思います。だから僕は、「積極的」に対し積極的になることから始めたいと思います。

女性とうまくいきそうになると距離をおいてしまう癖があるが、結果的にいい嫁をむかえられた

僕が恋愛を語っても誰も興味ないと思いますが、語ってみたいと思います（笑）。僕は、恋愛をあまりしたことがない気がします。というのも、盛り上がりそうになったら急にブレーキを掛けてしまうのです。なぜでしょうか？　分かりません。ですので、今回はこの場を借りて探ってみたいと思います。誰も興味ないと思いますが（笑）。

小さい頃からずっと女性に興味はありました。小5くらいのときには、毎日、本屋に通いアダルト漫画を読み漁り（2つの意味で、立ち読みでしたが）、店主に「大人になったら読みなさいね」と注意を受けたこともあるぐらいです。それなのに、

周りの男子が好きな女子に告白しても、僕はそういったことはしませんでした。

中学に入ると、そういったことが頻繁に行われます。僕は、引き続きしませんでしたが、中2のある日、バスケ部の男性顧問に呼び出されました。教官室に行くと顧問が、「ハンド部のNちゃんがお前のこと好きらしいから、告白したら？」と言ったのです。え!? 積極的な顧問は28歳と若く、生徒との距離も近かったからとはいえ、普通、教師から生徒へそんな発言をします？

僕が断ろうとすると顧問は、更に信じられない発言をしました。それは、「もうN子ちゃんを体育館裏に待たせてあるから」と言ったのです。嘘だろ!? その言葉で僕は、断る気力を失い、自分を納得させるために、これがオレの役割だと、強引な使命感を持つしかありませんでした。

足取り重くそこに行くと本当にN子ちゃんが待っていました。僕は彼女とほとんど話したことがありません。そんな彼女に向かって僕は、「好きです。付き合ってください」と告白したのです。それが僕の初彼女です。僕は、付き合ったら付き合ったで、彼氏らしいことをしなければならないと思うタイプでした。中学生ができる範囲ですが、一緒に帰ったり、電話で話したりはしました。

ただ不思議なことに、僕のことが好きなはずの彼女からの電話は一度もなく、ずっと僕からでした。しばらくそんな関係が続きましたが、中2は多感な時期です。物凄くチューをしたくなりました。そこで学校からの帰り道、少しお喋りをしようと、近くにあった大型で砂利の駐車場に誘いました。そして、隣同士で駐車している車の後部に回り、縁石に腰を下ろしました。僕は、お喋りで誘ったのに全然喋りません。彼女は無口なので喋りません。無言が続きました。鼓動だけが感じられます。その間僕は、ずっとタイミングばかり考えています。考えても考えても分からないので、10秒後にいこうとマシーン的にルールを決めました。

そして、僕のタイミングで、彼女の了承も得ないまま、彼女の顔に僕の顔をギュイーンと勢いよく近付けると、彼女が「ぎゃー！」と叫び、一目散に猛ダッシュで逃げ出したのです。彼女が蹴り上げる砂利音がどんどん離れていきます。僕はまさかの結果に動くことができず、しばらく彼女の後ろ姿を呆然と眺めているだけでした。その後、初めて彼女から電話があり、別れを告げられました。

こういった恋愛もどきもあり、高校、大学と、女性と話すことや仲良くなる機会も増えましたが、交際することはありませんでした。僕に好意を持ってくれた女性が現れて、何度かデートはしましたが、盛り上がって交際に発展しそうになると、急に怖くなり、距離を置いてしまうのです。

それは、交際をしてしまうと、スケジュールを押さえられる窮屈感が沸き起こってしまうからでした。でも、そんな状態でも女性とは戯れたいものです。そこで色々手段はありますが、低料金で素人と繋がれるかもしれないという理由で、選んだのはテレクラでした。大学生の頃です。そこは、個室で受電をするタイプでした。二畳一間に電話機が一台置いてあるだけの部屋。そこにかかってくる電話を、最大10人で争います。

ここで皆さんにお伝えしたい情報があります。それは、電話が鳴ってから取っても既に遅いということです。ということは、局線が光った瞬間に取らなければ勝てません。つまり、音よりも光に反応すればいいのです。僕はここで、動体視力が鍛えられたと思います。そのおかげで、光り物に強くなりました。人より早く蛍を見つけることができます。

そしてもう一つ、お伝えしたい情報があります。それは、僕の通っていたテレクラに電話をかけてくる女性の9割9分がサクラだということです。道理でおかしいと思いました。どの女性も僕に惚れやすく、話を延ばし、待ち合わせ場所にいないのです。ちなみに1セット3時間3000円で、途中出かける場合は時間が止まります。いくらつぎ込んだのでしょうか。それでも僕は今日も、1分の確率に期待をし挑みます。

そしてその日も、待ち合わせまでは漕ぎ着けました。向こうは、30代前半でラフな格好をしているそうです。僕は92トレノで向かうので、ヘッドライトがパカッと目玉のように飛び出していると、車の特徴を伝えました。もう日は暮れています。指定された農協へ車を飛ばしました。果たして今回は本物なのでしょうか。期待が膨らみます。もうすぐ農協です。暗闇の中に人影が見えました。いた！ ただ、体育教師が着そうなグレーのジャージのセットアップの大柄の女性が。確かにラフな格好ですが。そして更に目を疑ったのが、手に木刀なような物を握っていたのです。恐怖に襲われました。どうしよう。指導される。僕はとっさに、唯一の特徴の目玉のライトを閉じてしまいました。

そして、そっと逃げるように元のテレクラに戻りました。ごめんなさい。まだ残り時間があります。ライバルたちはもう殆どいません。光りました。一瞬遅れましたが、なんとか取れました。「もしもし！」――耳を疑いました。なんと、さきほどの農協の女性だったのです。もしかしたら、このテレクラは、サクラと農協の女性でなり立っているのかもしれません。僕は、その日を境にテレクラに通わなくなりました。


僕は、こんなふうにしか女性と付き合いませんでした。そして、振り返るとだんだん自分の世界観が分かってきました。僕の場合は、気になるフレーズが出てきました。それは「スケジュールを押さえられる窮屈感」というフレーズです。それで分かりました。僕と女性、顧問との関係は、僕と母親との関係と一緒だということをです。

小さい頃から母親は僕を愛し過ぎて、僕に習い事を多数させてきました。嫌で逃げ出そうとしても、僕を引っ張って連れて行くのです。ようやく一つの習い事をやめても、また新たな習い事がやってきます。自分の時間がない気がしました。だからあんなにもスケジュールを押さえられることに窮屈感を感じていたと思います。そして目上の母親に太刀打ちできなかった。だから顧問にも反発できなかったと思います。

このようなことが分かったとしても、いきなり現実が好転するかは分かりません。ですが、自分がどんな人間か分かっていた方が、自分にもっと歩み寄ってあげられるのではないでしょうか？　少しでも居心地の良い世界で生きたいものですね。

こんな僕でも、今では嫁と娘に恵まれています。人生満更でもないんじゃないですかね。

円滑な人間関係を築けなくてもいいやと思えると、楽になり、むしろ円滑になる

僕は円滑な人間関係を築くのは難しいものだと思っていました。それと僕は、自分が何かやらかしてしまい、相手を怒らせてしまう人だとも思っていました。

上京した頃僕は、東京の速いスピードに慣れずに、戸惑ってるばかりでした。でも、そんな中でも、生活のためにバイトをしなければなりませんでした。そこで僕が選んだのは、賄いもあるということもあり、牛丼チェーンの吉野家でした。

沖縄にいた頃の僕は、バイトは家庭教師とコンビニ店員しかやったことがなく、飲食店は未経験だったので、面接の前からかなり不安で緊張していました。果たして、仕事をこなすことができるだろうか？　また、円滑な人間関係を築くことができるだろうか？

店の2階の薄暗く狭い更衣室で面接が始まりました。店長と二人っきりです。店長は僕より二つ上の28歳。貫禄はそれ以上。その雰囲気を感じ、この店長とうまく付き合うことはできるだろうかと、不安ばかりが募ります。店長は、そんな僕の緊張を解こうと、お互い共通のヘアスタイルの坊主頭の話題を出してくれたのですが、うまく笑えませんでした。何の話をしたのかほとんど覚えていません。ただ「5㎜です」と答えたことだけは覚えています。

そんな僕の状態とは裏腹に、不思議なもので、すんなりと採用となりました。そして研修期間が始まりました。

研修は、面接を受けた店ではなく、町の外れにありました。そこは人通りが少なく、1時間に4、5人程度のお客さんが来店しました。いくら僕でも、それくらいの数なら無難にさばけました。丁寧にじっくりと2週間の研修を終え、さあ、明日からは本採用です。面接を受けた店で、久しぶりに同じヘアスタイルの店長と再会を果たし、前回よりも表情が緩くなっている僕を見て店長は、実りのある研修をしてきたと思ったはずです。

僕もそれなりに、自信はありました。でも、蓋を開けてみると全く違ったのです。目を疑いました。とにかく、お客さんが大量に押し寄せてくるのです。駅近の繁華街を甘く見ていました。僕は、こんな大量のお客さんの研修はしていません。完全にテンパってしまいました。

そして、続々入店するお客さんに対して、普通なら先に入店したお客さんから接客をするのですが、僕は最後に入店したお客さんから接客してしまったのです。自分でもビックリしました。でも、体が自由に動かないのです。経験はありませんが、無重力状態です。そして更に、事態は悪化していきました。それは、なぜか、僕の首根っこが僕の意思とは逆方向に引っ張られるのです。

いよいよ本格的に無重力状態!?　と、力を振り絞ってそこを見てみると、なんと店長が「内間くん、ちょっと来なさい」と、僕の首根っこを摑み引っ張っているのです。初めての経験です。厨房で店長は、信じられない様子で、さきほどの僕の接客の理由を聞いてきました。

しかし、無酸素状態の僕は「すみません。間違えました」と、よく分からない返答をすることしかできませんでした。働くって難しい。でも、そんな状態でも接客を続けるしかありません。何とか意識を保ちながら続けました。ところがまた、首根っこが持っていかれたのです。今度は何!? 理解不能のまま、さきほどの定位置まで店長に引っ張られました。すると店長が、怒り口調で「何で僕の靴を履いてるの!?」と言ったのです。あ!? 実は、更衣室で全員、制服と黒の革靴に着替えるのですが、僕は業務用と店長の私物とを間違えて履いてしまっていたのです。だがしかし、両方とも実にそっくり。劣化具合以外は。店長の物の方が少しだけ綺麗でした。そして皮肉なことに28・5㎝とサイズまで一緒でした。ヘアスタイルだけじゃないんですね。

そのとき僕は、自分の無力さを痛感しました。バイトすらまともにできない。こんな僕は、店長を怒らせ失望させてしまった。完全に心が折れてしまいました。バイト後、普通なら制服は持ち帰り洗濯して、次回のバイトのときに持ってくるのですが、そうはせず、僕の制服を店長のロッカーに忍ばせ、二度と出勤することはありませんでした。

この出来事で僕は、更に人と関わるのが怖くなりました。それでも人は、必ず誰かしらと関わって生きていきます。そしてそれは、避けることのできないことです。でも僕は、傷つきたくはありません。だから僕は、人とある一定の距離を取って、自分の気持ちを抑え、相手を怒らせないように生きてきました。

でも、そんな僕のモットーを打ち砕いてくれたのが、相方でした。相方は人の気持ちを大切にする人間です。僕が気持ちを抑え、本音を出さないことに歯痒《がゆ》かったのでしょう。しきりに「嘘をつくな！　お前の本音が聞きたい！」と執拗に言ってきました。どんどん僕の心の中に土足で入ってくるのです。

最初戸惑いました。でも、僕も本音では、本音を言いたかったのです。更に相方は、人は傷ついても大丈夫だと思う人です。でも僕は、どうしたらいかに傷つかずに生きられるかと思う人です。それも最初は戸惑いましたが、やはりこれも相方の執拗なまでの行為で、次第に傷ついても大丈夫で、むしろパワーアップできると思えるようになりました。

そして、極め付きに出会った人がいます。それはヒーリングタレントのエンジェルこまさんです。彼女に、「人間関係が円滑にいかないと怖い」と相談すると、彼女は「円滑にいかないと、どうなるんですか？」と言ったのです。どうなるのでしょうか？　リラックスして深掘りしていくと、「円滑にいかない」↓「怒られる」↓「仲が悪くなる」↓「会わなくなる」。だから？　結果、何も不都合なことは起きません。そうなったらなったで、そのときできる選択肢が広がります。

このような考え方になると、余裕が生まれ、過去の出来事も正しく見えます。僕のバイトのときの話も、誰も悪くないと思えるようになりました。経験不足の僕ができないのも、店長が自分の気持ちを表現したのも、ごく当たり前のことです。そのことに気づかず、自分で見切り、人間関係を築くのを放棄したのです。今なら、店長と自分なりの人間関係を築けたかもしれません。その瞬間に、僕にとって最悪な出来事が、ただの出来事に変わりました。

僕は、このような思考の変化のおかげで、どんどん人と繋がることが、好きになっています。今では、それを求め、一人でカウンターのある飲み屋に行くようにもなりました。そこでは、仲良くなる人もいれば、そうにはならない人もいます。でもどっちでもいいのです。合う人は合う、合わない人は合わない、ただそれだけの話で、そこに、人間の優劣の差なんてありません。だから僕は、気楽に人と楽しみたいです。

ただ困ったことに、まだ午前9時ですが、もう飲みに行きたくなっています。

見返りを求め、無理して人間関係を築こうとしなくなることで、知らぬ間に人間関係が築かれている

僕は、プライベートで先輩芸人と殆ど一緒にいません。以前は、先輩と繋がらないと仕事が貰えず売れないと聞いたことがあったので、どうにか繋がろうと考えたこともありますが、いざ先輩を前にすると、「気に入られるにはどうしたら良いか」「礼儀正しくとは?」「どうせオレは相手にされない」などと色々考えてしまい、うまくいきません。「ストレス」だけが残ります。そんな自分を分かってあげようとした時に、これまで取ってきた行動が自分のエネルギーを半減させていることに気づきました。そして、「ノンストレス」を重要視するようになりました。

だから僕は、無理して利益を求めて先輩に繋がろうとしなくなりました。本当に繋がりたい時に繋がりにいく。それだけで充分です。そうすると、不思議なことに、

知らぬ間に良くしてくれる先輩がいることに気づきます。

チュートリアルさん。芸歴でいうと福田さんが5つ、徳井さんが8つ上の先輩です。でも歳でいうと1つ上の先輩です。まさかこんなに歳が近かったとは。特に芸人は見た目で年齢は分かりづらいと思います。だから、ウィキペディアで調べてみました。

チュートリアルさんとは、たまに劇場や番組で会うくらいの仲で、プライベートで一緒に何かをするという関係ではありません。でも福田さんは、一度自宅に遊びに来てくれたことがあります。でもそれは僕絡みではなく、まさかの嫁さん同士が繋がっていたために起きたことなので、僕と福田さんが特別な関係だとは言い難いでしょう。

コロナ禍中、もっぱら自宅にいた僕は、夜な夜なインスタライブに明け暮れていました。それが唯一、気が紛れる時間でした。いつものように平均視聴者15名の前で緩くトークをしていると、突然1人の視聴者からチャットが入りました。見ると、「内間さん、月末のキョートリアル！のゲストですよね？」と、コメントがあります。え⁉　聞いてないけど！　その情報、どこで入手したの⁉　現段階の僕のスケージュールには反映されていません。そして、関係性の薄い俺がなぜ⁉　という疑問が残りました。

「キョートリアル！」とは、京都で放送されているチュートリアルさんのラジオ番組です。即、マネージャーに確認を取ると、最近決まったそうです。しかも、1000回記念の公開収録のスペシャルゲストとのこと。なぜ俺が⁉　という疑問がますます強くなりました。でも、必ず理由があるはず。

僕はYouTubeでこれまでの「キョートリアル！」の放送を聴き漁りました。とにかく「理由」が知りたい。聴けば何かしら分かるはず。その目的のために聴いていたのですが、不覚にも、面白くて目的と時を忘れ、普通のリスナーのようにラジオに没頭する日もしばしばありました。これじゃあ、いくら時間があっても足りない。だって素材はおよそ1000本もあるのですから。気合を入れ直して、感情を抑え、任務に集中しよう。そしてとうとう「理由」にたどり着くことができました。何と、僕の知らないところで、僕のコーナーが存在していたのです。

そのコーナーは、「前略、内間様」といいました。何と素朴で意味ありげなタイトルなのでしょうか？　恐る恐る聴き進めて行くと、まず徳井さんが、「前略、内間様」と、タイトルコールを不気味な低いトーンで発します。すると、一世風靡セピアの「前略、道の上より」の曲が流れ始め、そこで福田さんが、「世界の七不思議のひとつ内間。このコーナーでは内間の生態系を探るべく、リスナーの皆さんから内間目撃情報を送っていただき、それがフェイク内間か、リアル内間かを、内間ハンターの徳井が判定します」と、趣旨説明をしました。何だ⁉　この世界観溢れるコーナーは⁉

リスナーさんから僕の目撃情報がいくつか届いていました。それを徳井さんが、X－ファイルのテーマ曲をBGMに、神妙な面持ちで読み上げます。①「庭の奥の畑で、白くて細長い坊主頭がキュウリをかじっていました。あれは、内間さんだったのでしょうか？」、②「メールが届きました。このアドレスをクリックすると、内間の秘密が分かります。内間さんの仕業なのでしょうか？」、③「川で遊んでいると、内間さんらしき人がザリガニ釣りをしていました。あれは、内間さんだったのでしょうか？」。結構目撃されていますね。そこで徳井さんの解説と判定が入ります。そして、今回のリアル内間は、何と③でした。ザリガニ釣りを趣味にした覚えはないのですが。徳井さん曰く、僕がザリガニを釣っている理由は、趣味ではなく、必要に迫られてだそうです。それは、ザリガニを家の外壁に貼り付けるためでした。なぜなら首里城に憧れているからであり、今、僕の家は朱色らしいです。そこで福田さんが、「アイツの家は朱色じゃなかった！」と反論すると、実は僕の家は別宅がもう1軒、国立にあるそうです。一軒のローンに苦戦しているのにですよ。①②はフェイク内間でした。①は、その人物は内間を見た人です。僕と目が合ったら白くて細長い坊主頭になり、キュウリしか食べられない体質になるようです。②は、内間を悪用したワンクリック詐欺。番組スタッフが詐欺グループの正体を暴くために泳がそうと、クリックし続けたら、最終的には「内間と会わせてあげる」を餌に莫大な金額を請求されたそうです。

何という徳井さんワールドなのでしょうか。僕を題材に盛り上がってくれて、かなり嬉しかったのですが、そもそもなぜ僕に着目してくれたのでしょうか。

その理由も、ラジオを遡っていくとすぐに解明しました。それは、ある日、徳井さんが街を歩いていると、ガラス張りの飲み屋を通りかかったそうです。そして、何気に賑やかな店内に目をやると衝撃を受けたそうです。そこには、今まで見たことのない、尋常じゃないくらい楽しんで飲んでいる僕がいたそうです。「あの内間があんなに楽しそうに動いている。信じられない。しかも内間中心に盛り上がっている」。それをキッカケに、内間の生態を探ろうとコーナーができたようです。それは、流行りに流されない徳井さんと、それを支える福田さんだからこそできる荒業だと思いました。普通ならそのテーマは怖くて手を出せません。恐らく番組スタッフさんも普通ではないと思います。

聴き終えて僕は、僕の知らない所で繋がっていたんだと気づき、幸せな気持ちになりました。そして、振り返ってみると、不可解な出来事を思い出しました。

ある日の昼間、突然、福田さんから着信が入りました。え!? 珍しいな、と出てみると、なぜか福田さんが「うゎ！　出た！」と、慌て出したのです。相手が出たことで慌てることってあります？　そして福田さんは、「内間ごめん、今忙しいから後でかけ直すわ！」と言ったのです。かけた側の人間が言う言葉でしょうか？普通はかけてこられた側の言う言葉だと思います。恐らく、収録中に出るかどうか試しにかけてみたのでしょう。

そしていよいよKBSホールでの1000回記念の公開収録。僕は東京からリモート出演。福田さんの「内間様〜！」との呼びかけで、僕が大画面のスクリーンに映し出されました。僕は終始、教祖もしくは宇宙生命体扱い。400人の観衆も大盛り上がりです。僕はモニターを見ながら、しみじみ不思議な先輩との繋がりを感じていました。

このイベントを終えてから、チュートリアルさんと急激に関係が濃くなったとは思いません。それどころか1回も会ってません。でも僕は、繋がりを感じ、温かい気持ちになります。そこに存在するのは、物質ではなく精神です。そしてそのことに気づき始めたのは、僕は利益のために無理した人間関係を求めなくなったからだと思います。そうすることによって、邪悪な念がなくなり、本来の清々しいエネルギーが放たれるのだと思います。そうなると自然に引き寄せたいモノだけが引き寄せられると思います。それが、知らない間に気持ち良い人間関係を築いているという結果に繋がるのではないでしょうか？

僕は見返りは求めません。でも、ノーギャラはNGです。

人に甘えるのが苦手だったので、今では甘えるたびに感謝できるようになった

僕は人に甘えるのが苦手でした。僕にとって人に甘えることは、人に迷惑をかけていることです。逆に甘えられたときは気になりませんが、どうしても甘えることができません。ほんの些細なことでもです。

相方と飲食店にご飯を食べに行ったときに、箸を取ろうと箸入れを探すと、斜め前の相方の向こう側にありました。冷静に分析すると、相方に頼んだ方がスムーズに取れると思いますが、僕はしません。相方に手間を取らせるのは、迷惑に値します。だから僕は、自分の体を相方に覆い被さりながら取りました。突然僕に覆い被さられた相方は、驚きを隠し切れない様子で、その理由を聞き「こっちの方が迷惑だけどね」と冷静に言いました。

そんな僕でも切羽詰《せっぱつ》まって相方に、甘えてお願いしたことがあります。それは、ある日の漫才のときです。いつものように相方は、僕の頭を鋭く叩いてツッコんできました。ただその日は、相方の威力がいつもよりも激しいのです。それは、頭が割れるほどの痛みでした。しかも、ツッコまれる度に、その衝撃で鼻水も出るのです。キツかったですが、ウケていたので我慢していましたが、もう僕の体が限界にきていました。それで、次の舞台までの空き時間に、ツッコみの威力を和らげてくれと、お願いしたのです。その言葉を聞いた相方は、「お前は一体何を言っているんだ!?」と、最初キョトンとしていましたが、快く了承してくれ、次の漫才は比較的快適に行うことができました。

ところが、後になって分かったのですが、相方は最初からいつも通りの力加減でツッコんでいたそうです。それなのになぜ、僕が違和感を感じたのでしょうか？ それは、僕がインフルエンザにかかっていたからです。だから、頭痛も鼻水も発生していたのです。相方、疑ってゴメン。

そんなふうに切羽詰まっているときにしか甘えられない僕でも、知らず知らずに甘えてしまっています。最も印象に残っているのが、「踊る！　さんま御殿!!」に出演させてもらったときです。あの番組は、テーマを元に出演者がエピソードを披露するトーク番組です。そして僕は、トークが苦手です。だから僕は、前もってエピソードを準備し、一語一句固めてから臨んでいました。その日も準備したエピソードを一語一句間違えずに話したのですが、オチの台詞を言っても全くウケません。スタジオが真空状態になりました。さんまさんがジーッとこっちを見ています。一気に緊張感でいっぱいになりました。どうしたらいいんだ。すると、さんまさんが軽い口調で「ほんで？」と聞いてきたのです。ほんで!?　もうエピソード終わっているんですけど！　何も話せません。スタジオの全員が僕を見ています。さんまさんも待っています。これ以上無言を貫くのは、みんなに迷惑をかけてしまいます。ここで苦し紛れに、「今の全部ウソです〜。」と、しょうもないボケを発してしまいました。シ〜ン。そしてすぐ様、さんまさんの「ほんで?.」。この後、何回「ほんで?.」が来たでしょうか。僕はサウナのように発汗が止まりません。そしてまた「ほんで?.」。

僕は最後の力を振り絞って、「ネットで調べて銀ダラを買いに行きました」と答えると、なんと奇跡的に大爆笑が起きたのです。※ちなみにエピソードは、嫁が煮付けにしようと買っておいていた銀ダラを僕が勝手に鍋にしたら、怒られ、それに対して僕が逆ギレし、最終的には僕が銀ダラを買いに行ったということにした話。

あのとき僕は、極度の緊張で感じていませんでしたが、僕は完全にさんまさんに甘えていました。そして、さんまさん助けてください！　と求めていました。それから数週間後、自分の不甲斐なさを感じながらも、恐る恐るＯＡを見てビックリしました。それは、「ほんで？」が続いた部分がカットされ、僕が大爆笑を掻《か》っ攫《さら》っていたのです。それどころか、その日の「踊るヒット賞」は、何と僕でした。信じられませんでした。何という技術と愛！　さんまさん、そしてスタッフの皆さん、素敵な「甘える体験」をありがとうございました。

このように僕は、人に甘えたくなくても、いつの間にか甘えてしまっています。そして「人に甘えたら迷惑をかけてしまう」ということも、人間は生まれてから絶対に誰かに迷惑をかけていることも、相方に教えてもらいました。そして僕は、そんな生き方が、自然体だと思えるようになってきました。

現に僕は、迷惑をかけたくないと言っておきながら、ネタは相方に１００％書いてもらっています。そのことすら忘れていました。だから、迷惑を気にするよりも感謝したいと思います。そしてこれからは、甘えたいときは甘えて生きたいと思います。最近では自然に相方にお箸を取ってもらえるようになりました。今、とっても楽です。

周りを気にして夢中になれなくても、自分のセンサーに気づいてあげれば、流され、結局うまくいく

2022年、年が明けました。今年は楽しんでいきたいなと思いながら、何気にテレビをつけると、映ったのは宇宙旅行をしている前澤さんでした。前澤さんには、いつもじゃんけんでお世話になっています。そんな前澤さんからのメッセージは、「いつも夢の中、夢中で生きたい。そして、子どもたちに伝えたいことは、お父さん、お母さんに怒られてもやっちゃえ！」でした。そして、無重力状態で浮いている白紙に書かれた「夢中」という文字を見て、果たして僕は、これまでどれくらい夢中で生きてきただろうか？　と思いました。

僕は、周りを気にして恐る恐る生きるのが多かったと思います。周りを気にして

いる時点で、もう夢中ではありません。でもそんな僕でも、夢中になれたこともあります。だから、紙一重だと思います。

皆さんは、一度でも自然に夢中になれたことはありませんか？　僕は、サスペンス映画を観ているときやハイボールを飲みながら誰かと90年代のプロ野球を語り合っているときです。やはり好きなことをしているときですね。そういうときは、周りからの批評などの余計なことは全く考えていません。まさに夢中です。みんな色々事情があり、考えることが多いと思いますが、そんな中でもずっと夢中でいられたら嬉しいですね。

最初に僕が、夢中で生きていないことに気づいたのは、大学の就職活動のときです。やりたいことが全くありませんでした。それでも就職活動は続きます。そこでとりあえず、大型の企業説明会に参加してみました。もしかしたらそこで何か見つかるかもしれないと。そこは、沖縄コンベンションセンターという大規模な会場で、そこにずらっと何十社の企業が円状に構えていました。一社ずつ話を聞いていったのですが、どうもしっくりきません。自分が求めているのが全く分からないのです。

6社ほど回った頃でしょうか？　突然、体に異変が起きました。目眩がしたのです。もう耐え切れない。僕は途中でリタイアし家に帰ることにしました。

僕は初めて将来に恐怖を感じました。このまま適当に就職して、週末のレンタルビデオ鑑賞や飲み会を楽しむだけの人生なのか。目の前が真っ暗になりました。こんな人生のはずじゃなかった。どこで人生のボタンを掛け違えたのだろうか。しかし、後悔しても時間ばかりが経つだけです。人生は恐らく一度しかありません。だったら楽しみたいものだと、そのとき、強く思えました。

そこで僕が取ったのは、「一旦就職を諦めよう」ということでした。そして、少しでも「好きなこと」から始めようと思いました。それが「お笑い」だったのです。そのときは、それで生活をしていくとは全く思ってもいませんでした。とにかく心が動くことをしたかっただけです。とにかく動きました。早速、地元のオリジン・コーポレーションという芸能事務所のお笑いオーディションを見つけました。相方になってほしいと何人かに声も掛けました。ただ、みんなそれぞれの人生計画を持っていたので、簡単には決まりませんでしたが、それも楽しかったです。

そしてなんとか、ソフトボール部の先輩の具志堅《ぐしけん》さんと組むことができました。コンビ名は「ルート58」。それは、僕らがよく利用していた国道58号線を拝借しただけで、特に思い入れはありません。ネタは、僕が見よう見真似で書きました。

当時、ダウンタウンが好きだったので、不思議な感じにしようと意識したのは覚えています。そして、何度も練習しました。しかし、やればやるほど、それが面白いかどうか分からなくなっていきました。「果たしてオーディションを受ける意味があるのだろうか?」と、僕よりも具志堅さんの顔色が優れません。普段は、重低音を響かせ、スカイラインGT-Rに乗っているイケイケなのに。そこで、ネタを僕の弟に見てもらうことにしました。人生初のネタ見せです。実家の3畳程の畳の居間でやりました。3人共が緊張していました。5分のネタの間、物音一つしません。ネタをやり切りました。一体弟はどう感じたのか? 弟は、しばらく考え込む様子でしたが、言葉を選びながら、重い口を開きました。「俺は、面白いと思うけど」と。よっしゃー! 人の意見で人間は見事に変わりますね。僕もそうですが、あんなに顔色が悪かった具志堅さんが息を吹き返し、その力強さはスカイラインGT-Rのようでした。早く披露したい。ですが、日が経つにつれ気持ちは収まっていくものでした。

本番当日、お互いまた自信を失っていました。また出直しです。それでもやるしかありません。そこで緊張を紛らわそうと、前祝いとかこつけてオリオンビールで乾杯。ただ、緊張し過ぎでお酒が進みません。強引にアルコールを体内に流し込み、いざ出陣！　何もかもが初めての経験です。

オーディションは、事務所で行われ、審査員は所属している芸人たちでした。見たことがある芸人から初見の芸人までの数十名が地べたに座り僕らを観察しています。更に緊張感が増します。そうしている間にとうとう「ルート58さ～ん！」と名前が呼ばれてしまいました。もう行くしかありません。そんな中で僕が、舞台上手寄りで「コント！　美容整形！」と、コントタイトルを発しました。

設定は、僕が医者で、具志堅さんが髭の脱毛を望む患者でした。最初のボケが、医者と患者の距離が異常に遠く、髭をチェックするときに、僕が物干し竿の先端で具志堅さんの顎に触れるのです。そこで、なんとウケました。人生初ウケです。お笑いは摑みが大事だとよく言ったものです。僕らは、気持ちが乗ることに成功しました。そしてかなり練習もしたので、ネタが完全に体に染み込んでいました。勝手に体が動きました。もう水を得た魚です。そして、あっという間に最後のボケです。それは、最終的に髭の脱毛を行うのですが、僕が医療器具など一切使用せず、素手で強引に髭を抜くというボケでした。そこも、ウケました。ネタが終わり充実感でいっぱいでした。とにかく夢中でした。アドレナリンが飛びまくっています。そして結果発表。なんと、僕らルート58が、1位だったのです。

やったー！　また、10位までに入った組は、2週間後にホールにお客さんを入れてライブが行われ、審査されるそうです。つまり今回のは予選だったのです。もちろんそのことは知っていましたが、僕らはそれをあまり重要視していませんでした。とにかく自分らの実力を発揮したいという一心で参加しただけです。それに、そのライブにはどうしても参加できません。なぜかというと、その日は、僕らが所属しているソフトボール部の九州大会が、宮崎県であるからです。マズイ。そのことを事務所には伝えなければなりません。ネタのときとはまた違う緊張感が込み上げてきました。

そして、まだ出場者の喜びや悔しさの余韻が残っている中、恐る恐るそのことを事務所のリーダーに話してみました。するとリーダーは「はぁ!?　じゃあ、なんで参加したの!?」と、かなり不快な表情。僕は弁解のつもりで、「普通だったら、僕らみたいな低レベルが、1位になるなんてありえないので」と、出場者、そしてオーディション批判とも捉えられかねない発言をしてしまいました。

今更ですが、掻き乱してすみませんでした。そして、僕らの代わりに繰り上げ当選したのが、知る人ぞ知る「三日月マンハッタン」というコンビなのです（彼ら曰く、この件がなければお笑いをしていないかもしれない）。そして僕は、宮崎でソフトボールに打ち込み、予選敗退し、芋焼酎を覚え、帰ってくるのでした。そしてその後、オリジン・コーポレーションの門を叩くことになります。

僕は夢中で生きてないことを就活を通して知りました。もしあのとき、自分のセンサーを無視して、適当に就職していたら、地獄の人生の始まりだったと思います。だから、センサーに従い、ずっと夢中になって生きたら幸せだろうなと思いますが、ついつい余計なことを考えて思い通りにいきません。でも、それが人間であり古《いにしえ》からの防衛本能だと思います。

それも理解した上で、自分のセンサーをできる限り大切にしたときに、今よりも、自分の夢中の世界が広がるのではないでしょうか？　そして、たとえセンサーに従わなかったとしても、それはそれで自分にとって、何か意味があることだと思います。重要なのは、現在、感覚的に居心地が良いのを求めてあげることだと思います。

今僕は、毎日16時間断食をしています。今日は、残すところ、あと1時間でした。でも、無性に昨日頂いた煮卵が食べたくなりました。だから僕はそのセンサーに従って、今、夢中で煮卵を頬張っています。とっても幸せです。

「悪い方向に進んで、もう人生終わった」と思ったことは何度かあったけど、自分にとっての最適な道へ誘導する道標だった

僕は、「今、自分が悪い方向に進んで、もう人生が終わった」と思った瞬間が、何度かありました。かなりキツかったです。

僕が沖縄でお笑いを始め、数ヶ月経った頃です。大学4年の24歳でした。僕は大学を2浪していますのでその年齢です。好きなことは始めていましたが、お金を稼ぐまではいかず、それどころか、まだデビューもしていませんでした。それに事務所では、3ヶ月の研修期間があったのです。だからといって、仮にデビューしていたとしてもお金になるか分かりません。むしろ、無理に等しいです。そう考えると、稼ぎ口は持たなければならないと思いました。

さてどうしよう。バイトでも良かったのですが、どうせ働くのならメディアの方

が今後役に立つと考え、琉球放送のアナウンサーに応募してみることにしました。早々と一次選考の面接の日程が決まり、僕がお笑いをしているのを知らない両親は、スムーズに就職活動が進んでいると、期待で胸が膨らんでいる様子でした。ですが、僕はその面接に行かなかったのです。いや、行けなかったのです。

面接日が決まっても、僕は、対策を取りませんでした。それは、とりわけ自信があったからではありません。応募しただけで満足していたのです。それは僕の特徴です。結果が出ずとも、やっている感が欲しいタイプの人間でした。それは、無気力な生活が続いた人間に表れやすい症状だと思います。

そんなわけで、前日も那覇の繁華街の国際通り辺りで飲んでいました。いつもの高校の同級生同士で飲んでいたのですが、僕らの飲み方は前半は男同士で飲んで、後半はナンパをし、女性を交えて飲もうとするのが主流でした。といっても、ナンパの成功率は、1割程度と恥ずかしい成績です。規定打席には立っています。しかも、連続試合出場記録も樹立しています。それなのにこの成績では、来季の契約更新は難しいでしょう。そんな僕らが、その日はいつも以上に奮いません。

平日の午前3時といえば、当然といえば当然なのですが、とにかく女性が見当たりませんでした。苛立ちが募ります。そこで、お互いそれぞれのケータイに登録している女性に連絡を取ろうということになりました。国際通り沿いのガードレールに体をもたせながらケータイをいじくっていると、そこに恐らく僕らより若い3人の男たちが近付いてきました。そして、僕らに「何してる?」と絡んできたのです。いくら寂しくても、男が男に声を掛ける? と思いながら、引き続きケータイをいじくっていました。それでも執拗に声を掛けてきます。男たちは、僕の馴染みのあるイントネーションではなかったので、恐らく離島の人だと思います。

最初は無視していたのですが、しつこさはどんどんエスカレートし、声掛けだけではなく、接触までしてきたのです。僕は、女性と連絡取れない苛立ちもあり、それを払い避けようと思わず一人の男を、「オレたちに構わないで!」と、僕の方からも接触してしまったのです。

すると、その瞬間、男たちがニヤリと不敵な笑みを浮かべたのです。やられた! 男たちの目的は、喧嘩だったのです。ヤバイ! 僕は、猛ダッシュで逃げました。

無我夢中だったので、無意識に車道を走っていました。車が少なかったので、ほとんど障害物はありませんでした。かなり走りました。男たちが小さく見えます。もう大丈夫だ。早く家に帰ろうと、タクシーを止めました。しかしそこで僕は、痛恨のミスをしてしまったのです。それは、進行方向のタクシーではなく、対向車のタクシーを止めてしまったのです。

つまり、そうなると僕自ら、男たちの下に向かうことになります。そう気づいたときには、時すでに遅しでした。既にタクシーは、男たちに囲まれていました。彼らは運転手に「そいつを降ろせ！」と窓を叩きながら罵倒してきました。僕は恐怖でいっぱいで、「運転手さん！　早く行ってください！」と必死に懇願しました。運転手も僕同様、恐怖で顔がこわばっています。僕はもう一度、「運転手さん！　早く行って！」、すると、運転手は突然無表情になり、「ありがとうございました～」と、ドアを開けたのです。ウソ～!?　そんな簡単にできる行為～!?　終わった～!!　引きずり出された僕は、もう男たちの思う壺でした。

一人の男の拳が、どんどん僕の顔面をヒットしてきます。僕は、人生でほとんど喧嘩をしたことがありません。新感覚でした。拳を受け続けると、なぜか周りから音が消え、無音が聞こえます。静かです。そして、「殴られるとは、こういう感覚なんだ」「ボクサーは、大変な職業だなあ」「この人、さっきからずっと同じ箇所を攻撃してくるなあ」「しつこいな。確か声の掛け方もしつこかったな」「こういう人は、女性にもしつこいよな」「あっ、サウスポーなんだ」と、精神は冷静になっていきますが、意識は朦朧《もうろう》としてきました。そして意識が遠のく中、最後の力を振り絞って「もういいんじゃない？」と、言いました。気づくと視界は全面地面一色。前屈みで崩れ落ちていました。そのとき、背後で男たちが立ち去るのを感じました。

そんなわけで僕の顔面は、お岩さんのようになってしまいました。左顔面ばかり狙われたので、左まぶたがです。当日よりも翌日の面接日の方が、よりお岩さんになっていました。ちなみに余談ですが、お岩さんは、左まぶたが腫れているバージョンと、右まぶたが腫れているバージョンと、どちらも描かれていますね。どちらが正式なのでしょうか。

とにかく僕は、それが原因で面接を渋々辞退したのです。大事な日の前日に、ありえない事態が起こり、落ち込みました。本命の就職先ではなかったのですが、僕の人生は悪い方向に進んでいると思ってしまいました。でも、就職できなかったおかげで、お笑いの世界に行きやすくなったのは事実です。

僕らスリムクラブは元々コントばかりやっており、コントの祭典のキングオブコントにかけていました。2010年はかなり調子が良く、とんとん拍子で準決勝まで進出しました。そこをクリアすれば、念願の決勝進出です。あと一息です。気合が入りました。そんな中での準決勝。そこで、今までの人生の中でも1位と言っていいほど、かなりウケました。これは間違いなく決勝進出だと確信していた矢先、落選してしまったのです。信じられませんでした。お先真っ暗です。そして僕は、決勝進出してから、相方に報告したいことがありました。それは、子どもができたということです。僕は、完全に報告するタイミングを見失ってしまいました。でも、それでも伝えないといけない。

それで僕は、準決勝敗退し、今後どうしようかと作戦会議をしているときに、報告しようと決めました。普段あまり積極的に話さない僕が、突然相方の話を遮り、言いたいことがあると切り出しました。もしかしたら相方は、僕が革新的な今後の提案をすると思ったかもしれません。しかしそれが、僕の私的な報告だったのです。それを聞いた相方の、「何で今言うの？　他にもタイミングあるよね？」という驚きの表情が印象的でした。

僕は、今後の生活を考えなければなりませんでした。実は、キングオブコントに全精力を注いでいたので、バイトをしていませんでした。早急にバイトを始めなければなりません。もう職種なんて選んでいる余裕なんてありませんでした。手当たり次第、夜のバイトを中心に面接を受けていきました。ところが全く採用されないのです。20社くらい受けたでしょうか。

最後に受けたバーの面接では、僕は必死でした。そこは３００種類のカクテルを出す店でした。面接の方が、「内間さん、ウチはカクテルの種類が多いです。３００種類のカクテルをどれくらいで覚えられますか？」と、聞いてきたのです。そこで博打に出ました。僕は、「10日ですね」と、力強く言ったのです。するとその方が「なぜ、そう力強く言えるのですか？」と聞いてきました。それも僕の想定内です。僕は何食わぬ顔で「実は僕、芸人をやっているんです。普段、コントや芝居をするときに台本があるのですが、それを覚えるのは、大体10日くらいなので」と、答えました。ほとんど真実なのですが、一つ伝えてないことがありました。それは、僕の台詞が圧倒的に少ないということです。

すると、その方の目の色が変わりました。僕に興味を示してくれたようです。「最初から芸人さんだと言ってくださいよ～！　私、芸人さん大好きなんです～！」と、話が盛り上がりました。そして、落ちました。落ちた理由なんて、全く思い当たりません。あと、「今回はご縁がなかったということで」という古今東西の文言は、一体何なんでしょうか。結局僕は34歳で、バイトができない人間でした。そして、そんな男がその後のM－1グランプリで準優勝をするのです。

その時々で僕の人生は、悪い方向に進んでいると思っていました。でもそれは、そこに行っちゃダメだよと、教えてくれていたのかもしれません。だから、今不満の方も、次の展開を楽しみにしてみてはいかがでしょうか？

小さい話かもしれませんが、僕は最近、乾燥で踵《かかと》がひび割れしています。絆創膏は貼っていますが、それでも歩くときは痛みます。それが僕の中では、悪い方向に進んでいると思っていたのですが、そのおかげで反射的につま先で歩くようになり、若干ふくらはぎが引き締まってきました。

〈第4章〉

僕はすぐ調子に乗る

余裕があるわけでもないのに、調子に乗ったら平気で出費するが、そのおかげで面白い経験ができる

この世で多くの人が、お金を使って物を手に入れたり、サービスを受けたりなどして様々な経験をしたいと思っているかもしれません。僕はそう思っています。ですが、自分が自由に使えるお金には限りがあります。

僕は小遣い制です。ちなみに、月収の8％です。消費税が上がる前までは、10％でした。なぜ増税されて減収されるのでしょうか？　その不服を内間家の財務大臣に申し立てても、更に減収される可能性があるので、速やかに取り下げさせていただきます。

あれは2007年の頃です。当時は、ギャル男とホストの間でお兄系と言われる

ファッションが流行っていました。髪がない僕には、不可能だったのでよく覚えています。それができないので僕は、内間系（坊さんと高校球児の間で、どれだけ少色の服で勝負できるか）を極めようと思っていました。

そんなある日、もう少し飲みたいなと、一人で上野をふらついていると、呼び込みのお姉さんに片言で「オニイサン！　イチジカン、サンゼンエン！」と声を掛けられました。普段なら、そんな誘い文句に乗らないのですが、その日は心が動かされました。なぜなら彼女の瞳が物凄くきれいだったのです。酔いが覚めるほどでした。

ブルージーンズと白いTシャツで呼び込みらしくない格好の彼女は、中国から来た留学生で、大学へ通いながら学費と生活費を稼いでいるそうです。その事情を知ったときに僕は、僕の中にある父性本能が開いてしまいました。「日本のパパが、力になりたい」と。しかもそのときちょうど、資金面にも少し余裕があったのです。

実は、さきほど「CR新海物語」で2万円を得ていたのでした。それに一時間3000円ですよ？　この金額なら日本のパパが黙っているわけにはいきません。

彼女の誘導の下、向かった先は古い雑居ビルの2階。その店は薄暗く、6席くらいあるカウンター席とテーブル席が2席だけのシンプルな造りでした。そこにきれいに化粧を施した中国人ママが明るく出迎えてくれ、彼女に「オニイサンニ　トニカク　シツレイノナイヨウニネ！」と言ってくれたのです。何て気遣いのできる店なんだ！　何よりも先ず、客のことを考え、そして教育も徹底している良店だと、一気にリラックスしてきました。

周りに目をやると、僕より先にいた中年男性の客は、テンションが上がってBGMのジャズには合わない縦乗りで飲んでいます。せっかくだから、僕も楽しもう。カウンターに座り、隣に座ってくれた彼女と談笑しながらお酒を味わいました。

やはり彼女は僕が想像していた通りの良い娘でした。話を聞くと、中国で生活している家族は貧しいので、できる限り仕送りもしているそうです。何て健気な娘なんだ。僕の想いも強くなっていきます。僕の限界までは、いてあげよう。4回延長しました。これが僕の限界です。かなり酔った。そしてお会計。……3万円!? ……ワンセット3000円のはずじゃ……チャージ代かな？　まっ、でも、楽しかったし、そして何よりもこれくらいの誤差で彼女が喜んでくれるなら、むしろ喜ばしいとも思えました。しかも今日の僕には余裕がある。なにしろ僕には「CR新海物語」で得た2万が……足りない！　くそ〜！　ATMで下ろすしかない。千鳥足の僕だけでは不安らしく、彼女が付き添ってくれ、何とか下ろせました。多分。というのも、覚えているのは、ここまでなのです。

気がついたら薄暗い路地裏で座っていました。何が起きたんだ⁉　カラスがゴミを漁っている時間です。とにかく帰ろう。でも、無一文なのでATMで下ろすしかありません。ですが、なぜか下ろせないのです。何で⁉　確か口座に11万円あったはずです。ですが、何度も下ろそうと試みても結果は同じでした。全く意味が分かりません。ふと嫌な予感が頭をよぎりました。「まさか⁉　彼女に⁉　やられた⁉　彼女に限ってそんなことは絶対にありえない！　だってきれいな瞳！」

後日、上野警察署でATMの防犯カメラの画像を見せてもらえることになりました。渡された写真には、僕と左半身が見切れている彼女の姿が写っていました。すると担当の警察官が、「内間さん、こんな幸せそうな顔で下ろしてるんじゃ、犯罪の立証は無理ですね」と言いました。

確かに、僕ですら見たことのない幸せ絶頂の微笑みを、僕は浮かべていました。

その瞬間、思い出しました。僕の耳元で彼女の「ゼンガクオロシテ」の悪魔のささやきが。やられた！　聞くと、この辺りでそういった類の犯罪が多発しているそうです。手口はお酒に薬を入れ酔わせる手段。なるほど！　これで、カウンターにいた中年男性のリズムも頷けます。ジャズであの縦乗りはあり得ません。

いかがだったでしょうか？　なかなか面白い経験ではないでしょうか？　もちろんお勧めはいたしません。ただこの経験ができたのは、自分の欠点のおかげです。でも、事件直後はかなり落ち込みました。精神的にもですが、金銭的にもです。11万円って大金ですよ。他で穴埋めするしかないです。

人生は、良いときも悪いときもあります。ただそれを、人生全体で見た場合、不思議ですが、誰もがプラスマイナスゼロで終えるらしいです。皆さんも自分の人生を振り返ってみてください。

一つ思い出しました。僕は、大学生の頃に親に嘘をついて貰ったお金で、ゲーム喫茶の花札で儲けたことがあります。その金額は、11万円でした。

がむしゃらにイメージにしがみつくことで、望んでいた現象が起こる

僕は強引にでもイメージにしがみつくタイプです。あの日あのときの快感を強く思い出すことによって、現在に再び呼び起こすことができると信じています。あのときの「五光《ごこう》」。そうです。ギャンブルです。

僕はギャンブルにハマっていた時期があります。それは、大学浪人の19歳の頃です。当時はバイトをしていなかったので、持ち金は親から貰う少しばかりの小遣いでした。そんな状況では、到底ギャンブルをする気は起きません。それどころか、僕はギャンブル未経験で、興味すらありませんでした。それなのに、なぜ手を出してしまったのでしょうか？

予備校生活は、ストレスが溜まります。僕は高校時代、ほとんど勉強をしていません。もっと言うと高2以降は、全くやっていません。1年の後半に勉強についていけず挫折し、信じられないくらい、やる気を失ってしまいました。朝、登校しても朝の会の出欠を取り終えたら、僕の学校生活は終了します。すぐに下校し、ゲームセンターに入り浸ります。そして学校が終わる頃に、部活のために学校に戻るのです。そんな日課の僕が、予備校に行くわけですから、講義はほぼ初めて聞くものばかりでした。そこでもついていけません。ですが、僕は大学に行くしか選択肢がありませんでした。

今思えば、大学に行く以外の選択肢があったと思いますが、当時は大学に行かないと人間として認めてもらえないと思っていました。やる気はあったのですが、学力が付いてきません。気持ちがどんよりしていきます。そんなときに、浪人仲間に連れていってもらったのが、ゲーム喫茶なのです。いわゆる純喫茶と言われる喫茶店です。

「カランコロンカラン」と、入店すると、花札のゲーム機が何台かありました。ソファ席に座り、友人は慣れた手付きで500円玉を投入しました。1文100円だそうです。それを、マジックか⁉　と思うくらいのスピードで使い切りました。でも友人は全く動揺していません。これも作戦のうちかと思うくらいの雰囲気で、再度500円玉を投入しました。僕はルールもよく分からず、ただ見ているだけで、全く面白みが分かりませんでした。

友人はどんどん500円玉を投入していきますが、なかなか勝てません。同じことの繰り返しで、キリがないなと思っていた矢先、友人が「内間、来るかも」と言ったのです。「何が来る?」と思いましたが、さっきまでの友人の雰囲気ではありません。明らかに呼吸が荒くなっています。僕もそれを感じて、昂《たかぶ》ってきました。二人とも集中しています。勉強もこれくらい集中できたら良かったです。

突然「来た〜!」と、友人が叫びました。「何が〜⁉」どうやら「雨入り四光」という役が、来たらしいです。「おー!　これがギャンブルか!　まぁとりあえず勝てて良かった」と、落ち着きを取り戻していると、どうやらまだゲームは終わっていないそうです。それは、更に上の役を目指すなら、継続も可能で、それは自分で選択できるそうです。
友人は静かに、「ハグレば、いける」と謎の言葉を発し、継続を選択しました(ハグルとは、花札用語で持ち札を捨て、引いた札で狙っていた札を取ること)。ドクッ、ドクッ、ドクッ、ドクッと、鼓動をリアルに感じます。どうなる? 「ハ、ハ、ハグッた〜!」。なんと、花札界で一番最強の役の「五光」が完成しました。「ウォー!!」お互い拳を突き上げていました。何だこの初めての感覚は!? これが、僕のギャンブルを初めて目の当たりにした日です。

翌朝僕は、ソワソワしていました。どうしても花札のことが頭から離れません。でも僕には、資金が1000円しかありませんでした。「どうしようかな」と、迷っているつもりでも、実際は、既に心は決まっていました。昨日と同じ席に座りました。段取りは覚えています。あらかじめ両替えしていた500円玉を投入しました。ピコン。ルールは大体把握しました。「取れる札から取ればいいんだな」と、目を凝らして慎重に取っていきますが、全敗。ほろ苦いデビュー戦でした。ただ、面白い! そこから僕は、花札に没頭していきます。来る日も来る日も自分がやるとき以外でも、見続けて勉強しました。知識も増えました。

そして、最大の法則を見つけたのです。それは持ち札が3枚になったとき、高確率で「鹿」が出るのです。自信がつきました。ですが、なかなか勝てません。でも僕は、負けるわけにはいきません。というより、もう後がありません。なぜなら、自動車教習所に通うための資金に手をつけてしまっていたからです。もう5万円以上も負けています。息苦しくて吐き気がしてきました。逃げ出してしまおうかとも考えました。でも、そこを抜け出せる秘策が必ずあるはずです。

そのとき、ふと「オレの相手は、機械だ」と、強く認識しました。機械ということは、確率の問題です。つまり、勝つには「運」が必要ということになります。それならば、知識なんて最小限で充分です。自分の中で整理ができ、吹っ切れました。

とにかく「運」を大事にし、最高の状態をイメージしよう。具体的に言うと「五光」をイメージするのです。でも僕にはその経験がありません。しかし友人には、あります。「それをオレのことだと思おう」。心を無にして呼吸を深くし、ゆっくりとイメージを広げていきました。もう迷いはありません。結局、運次第です。普段の倍の、2文を賭けました。ピロン。なかなか良い持ち札。早々と「坊主」と「桜」を取り、幸先良いスタートです。そして残り3枚。データ通りの「鹿」がハグリました。良い流れです。残すところあと2枚！　ここでなんと「四光《しこう》」を成立させたのです。「よっしゃ〜！　続行するか？」。ちなみに「四光」から「五光」へ発展するのは難しいとされています。しかし今の僕には、それは愚問です。結局運次第だと分かったからです。行け〜!!　そして、ハ、ハ、ハグった〜!!「雨」が入って「五光」成立です！　やりました！　2倍五光で6万ゲット。助かりました。そして今日の収支は、6万－6万＝0です。

なかなかハードな体験をしました。参考になるか分かりませんが、「引き寄せ」とは、こういうことだと思います。心の底から本当に望んでいるイメージができたとき、自ずと目の前にやってくると思います。

ただ僕は、花札でそれを使ったのは失敗だったと思います。その後、花札中心の生活になってしまいました。ちなみにその年、僕は、大学受験に失敗しており、2浪しました。

調子に乗りやすく、そこで色々へし折られるが、実りも多い

僕は調子に乗りやすいです。恐らく、ネガティブな性格であまり成功体験がない反動だと思います。例えば、メディアに出始めた頃、何かの拍子でウケたときに、自分だけの力で得たモノだと勘違いし、いつもより強烈に胸を張って歩いたこともあります。ただ、今思い返すと赤面してしまうことが沢山あります。

以前、友人が子役タレント養成所を経営していたことがありました。そのとき、友人は僕に、養成所のオーディションの審査員を頼んできたのです。僕は、表向きでは「お前の頼みなら断れないいな」というふうを装っていましたが、実際はとうとうオレも人を審査する立場に上り詰めたと、まんざらでもなかったです。

しかし、蓋を開けてみると、勝手が分からず、お子さんには、「普段、何して遊ぶの?」と、超ありきたりの質問や、親御さんには、なぜかご主人が飲食業を経営されている方が多かったのですが、「ご主人は、オーナーシェフですか?」と、聞いたことのある単語を多用し、芸能とは関係ない質問をするばかりでした。そして、僕の採点表はほとんどのお子さんが満点という結果に終わり、後は友人に丸投げすることになってしまいました。ゴメンね。

あの頃は、人の視線が快感でした。みんながオレを見ている。有名人になるとプライベートがなくなると聞いていましたが、僕にとってはちょうどいい具合でした。横浜みなとみらいで当時3歳の娘を抱っこして、あえて人混みの中を歩き子煩悩をアピールし、周りの視線を感じ、昂ったこともあります。そんな時期にサウナに行きました。僕は元々サウナが大好きです。発汗がストレス解消になるのも好きな理由の一つですが、他にも室内に様々な人々が集い、それぞれの人生模様が感じられるのも好きな理由の一つです。大体みんな無言で発汗を楽しみますが、隣のおじさんがフラフラの中、「あと5分いますので、宝くじが当たりますように」と、呟いたのが印象的でした。とにかくいろんな人がいます。

1回目のサウナを終え、冷水で締め、2回目のサウナに臨もうと扉を開けて入り、スペースに腰を下ろすと、内気そうな中年男性がずっとチラチラ僕を見ています。どうやら「僕」だと気づいたようです。そして、チラチラからソワソワへと変わり、どんなに鈍感な人が見ても、僕に声を掛けたがっていると分かる仕草が、溢れています。

ここは、有名人の僕からアプローチした方がお洒落だなと思い、堂々と大御所俳優のように、「どうも」と声を掛けるとその方は、「……あのー、扉はちゃんと閉めてもらえませんか？」と言ったのです。え⁉　すぐに扉に目をやると広辞苑くらいの厚みの隙間が開いているではありませんか。「すみません」と、駆け足で扉を閉め、恥ずかしくて戻れず、そのままの流れで水風呂に行く羽目になってしまいました。

体の火照《ほて》りが甘かったということもありますが、調子に乗っている自分を噛み締めながらの水風呂は冷たかったです。いつもならサウナ3セット行うのですが、心が折れてしまい、気持ちが乗らないので、２セットで終了し、アルコールで気分転換しようと決めました。

普段は行かないのですが、施設内にあるお食事処に入り、メガハイボールと秋刀魚で気持ちを落ち着かせました。やはりアルコールの力は偉大ですね。どんどん調子を取り戻していきます。すると、ほろ酔いの中、ふと視線を感じました。若い男性店員がずっとチラチラからのソワソワと、僕を見ています。さきほどと全く同じシチュエーションです。

人生において、課題がクリアされなければ、何度も同じ場面が現れるそうです。でもその前に彼は「僕」だと気づいたからなのか？　それとも別件なのか？　ここは様子を見て慎重にいこう。もう同じ過ちを犯したくありません。すると、彼がスタスタと僕のもとにやって来ました。どっちだ。緊張感が高まってきました。

すると彼が僕に、「すみません。これにサインを書いてもらえませんか？」と言ったのです。そっち!?　嬉しい〜！「全然良いですよ！」と笑顔で対応したのはいいのですが、彼が渡してきたのは、なんとレシートの裏だったのです。一瞬で気持ちが冷めました。さすがに失礼でしょ！　とりあえず、書くことは書きましたが、不満気にサインを書いたと思います。しかしそれが大失敗だったのです。実はそこは、注文した全てのお客さんがレシートの裏にサインを書くシステムだったのです。あちゃー！　それをお会計のときに気づきました。時すでに遅しです。そして僕だけ、業務用のサインです。顔を真っ赤にして店を飛び出しました。この赤みは、アルコールでもサウナの影響でもありません。

人間は常に気持ち良く生きたいものです。あの日、手に入れたかったモノが今では欲しいと思わなくなっているかもしれません。そんな感情も人それぞれのタイミングだと思います。

あのときの僕は、誇りたかったのです。でも僕は無理した誇り方をし、恥ずかしい体験をしたからこそ分かったことがあります。それはそもそも誇りなんて必要ないということです。誇りたい感情は、今の自分に満足できずに何者かにならないといけないという気持ちの表れです。そしてあの経験等のおかげで本当の自分の好みも分かってきました。

僕は目立つより、控えめに生きるのが好きだということです。ですが、先日、人の眠っている性質を見抜けるスピリチュアル系の方に僕を見てもらったら、「内間さんは根っからの目立ちたがり屋ですね」と言われてしまいました。それも真実かもしれません。でもどっちでもいいのです。色々体験し、その都度の自分の好きな感覚で生きていけばいいのではありませんか？　この世に失敗なんてないのですから。

一度決めたらそれしか見えなくなるが、狙っていた近い世界が引き寄せられる

僕は想いが強いタイプのようです。一度想ったら、視野が狭まり、それしか見えなくなります。集中力と言えば聞こえは良いのですが、それとは違う気がします。目的地に向かうために歩いていても、周りの物や人にぶつかることが多々あります。現実世界からトリップした感じでしょうか。そしてなぜ、そこまで想いが強くなれるのでしょうか？

幼少時代僕は、テレビゲームなどの娯楽を与えられませんでした。それは、それが僕の視力を悪化させるのを、母親が心配し過ぎたからです。野球が大好きで、野球ゲームをしたかった僕は、それをどうしたら実現できるか考えました。周りに代

用できる物はありません。と、思っていました。ですが、あったのです。それは、自分の手です。手でプレーヤーを表現すればいいのです。

まず、片手を投手、もう片手を打者に分けます。投手は中指と人差し指を使ってピッチング、打者は中指と人差し指の間にボールペンを挟んでバッティングを表現します。そこで何よりも大切なのは、手に想いを込めることです。それで全く躍動感が違います。そして極め付きのスパイスは、僕の実況中継です。回を追うごとに僕のトーンもヒートアップし、毎度接戦で死闘を繰り広げました。

このような経験のおかげかもしれません。想いに頼ることが自然になっていきました。すると、狙っていた現象に近い現象が現れてくるようになったのです。僕は沖縄で芸人活動を始めた頃に、テレビに出たいという想いが強くなりました。地元の番組には何度か出演させてもらったことはありますが、とりわけ面白いネタがあるわけでもなく、だからといってアピールできる物があるわけでもなかったので、中途半端な結果に終わりました。

無武器でも出たい。知らず知らずにいつもの癖でその想いが強くなっていったと思います。そんなある日、事務所の代表に呼ばれました。行くと代表が、「お前の番組出演が決まったから」と言いました。何か精神的に負担な仕事かなと、少々不安になっていると代表が、「今回は芸人の仕事じゃないから」と言ったのです。どういうこと⁉ それは、役者の仕事でした。

実は、再現ＶＴＲに出演してくれる役者を依頼され、何人かの事務所の役者のプロフィールを提出する際に、僕のも忍び込ませたそうです。すると、なぜか僕が選ばれてしまったのです。その番組は、ＴＢＳ「ＵＳＯ⁉ジャパン」。全国ネットです。予想もしていない展開で、想いが叶ってしまいました。

あの日の仕事は楽しかったな。笑いを取らなければならないプレッシャーもなく、だからといってセリフ量が多いわけでもなく、只々心霊現象に怯えるリアクション。僕の真骨頂だと思います。放送で、画面いっぱいに映った、僕の怯えるドアップの表情を見て感動しました。

更に僕の想いは加速していきます。上京すると、様々な芸能がらみの件が舞い込んでくるようになりました。原宿を歩いていたら、突然、きれいめのブルーのスーツを着た男性に、「一緒にハリウッド行きませんか？」と、スカウトされたこともあります。

その男性は、かなり情熱的な方で、ハリウッドを視野に入れた芸能事務所を設立したばかりだそうです。ただ、興味はありましたが、東京ＮＳＣに入学したばかりだったので、お断りさせていただきました。

他にも、バイトを始めようと思いました。どうせやるなら芸能関係が良いと思い、新聞に募集広告が出ていたタレント業を申し込んでみました。すると、すぐに案内がきて、オーディションが必要とのことです。もちろん受けることにしました。

その日、事務所には、50人ほどの老若男女の方が訪れ、敏腕そうな女性社長の挨拶から始まりました。オーディションは、１人持ち時間30秒で、社長が出したお題を元に演じていきます。僕のお題は、ラーメンでした。只々ラーメンをすするパントマイムをして終了。手応えを感じる暇なんてありません。１週間後、社長自ら結果発表の電話がありました。結果は、なんと準優勝。お母さん、オレやったよー！もしかしたら僕は、俳優向きかもしれません。そこで社長が、丁寧に説明してくれました。

「内間さんは、磨けば光る物を持っています。だから、しばらくレッスンを受けてください。通常、入学金10万円、レッスン料50万円、諸経費10万円なのですが、内間さんは準優勝ですので、レッスン料、諸経費が免除となり、入学金のみの10万円となります」

断りました。社長の気持ちは嬉しかったのですが、僕はバイトで、お金を稼ぐために申し込んだのです。ただ、確実に芸能界に近付いていることを実感しました。

ある日僕は、新宿駅の東南口の角度のある長い階段を「タッターン！　タッターン！」と、スキップのようにリズム良く下りていました。そして、階段を下り切ったときです。突然、目の前にカメラマンと女性リポーターが現れました。すると、リポーターが僕に「下り方、上手ですね」と、言ったのです。

そんな褒め方をされたのは初めてでした。でも、どんな褒め方をされても、やはり褒められたら嬉しいもので、しばらく無抵抗で照れていると、「一緒につくばに行きませんか？」と、誘われました。どういうこと？　彼女の説明によると、実は、これはフジテレビ「めざましテレビ」のめざまし調査隊のコーナーだそうです（ちなみにこの11年後にめざまし調査隊のリポーターのオーディションを受けることになります。結果は、15名に残るも敗退）。それで、今調査しているのが、階段を普通に下りるのと、スキップのように下りるのとでは、どちらが体力を消耗しないかということらしいです。それで、つくばの研究所で全身にモーションキャプチャーを装着し、力の入り方を測定したいそうです。

夢のような話でした。僕みたいな素人がロケを！　当然食い付きました。むしろ行かせてください！　初めてのロケ車とディレクターさんとの打ち合わせで、嫌でもテンションが上がりました。そんな中、ディレクターさんの提案で、僕は「階段下り名人」ということになりました。研究所に到着し、オープニング撮影からの測定撮影。僕は、全身タイツに着替え、モーションキャプチャーを全身に装着し、即席の階段を2種類で歩行し、測定していきました。何度も何度も撮ります。テレビってこんなにも撮るんだ！と、驚きと発見で興奮している僕は、長時間ずっと楽しかったです。

みんなで作った作品、放送を見て驚きました。あんなに僕のことを「階段下り名人」にすると言っていたのに、そうではなかったのです。というよりも、僕の紹介は全くありませんでした。それどころか、測定のときに、急に全身タイツの僕が現れるのです。ADさん的な立ち位置にしたのでしょう。しかし、全国ネットって凄いですね。数分で紹介なしの全身タイツの僕に、数人の地元の友人から「東京で頑張っているね！」と、連絡がきました。

僕が引き起こした現象は、僕の想いから生まれた現象だと思います。ですが、実証はできません。それと、それらの現象の内容は、胡散《うさん》臭く危ないものだと思っている方もいると思います。実際に僕もそう思っている部分もあります。

だって、ハリウッドに誘われた方から貰った名刺の住所は、「ハリウッド〇丁目-〇」と、手書きでしたし、女性社長率いるオーディションでは、オーディションが始まった途端、急に事務所の電話が、仕事の依頼で鳴りやまないのです。社長が、「営業の件ですか？」「来週のロケですね？」「CMの件、了解です！」と、立て続けに対応していました。急にですよ？　信じられますか？　真実は分かりませんが、引き寄せていることは、真実だと思います。

後は見極めが必要だと思いますが。ただ、どんどん歳を取るにつれ、引き寄せられなくなっていると実感しています。それはなぜでしょうか？　僕の私見ですが、昔より知識が付いたからではないでしょうか？　昔は只々本能で行っていたと思います。そう考えると腑に落ちますし、少し本能に戻ってみたいと思いました。

だから普段、この行為は本能的にはどうかな？　と、自分に問いかけています。

また何か引き寄せたら面白いですね。ちなみに、めざまし調査隊の階段の下り方の結果ですが、普通に下りてもスキップで下りても、どちらもあまり差はありませんでした。

時々「理解し難い行動をする」おかげで、自己表現のエネルギーを放出できる

昔から僕は、自分でも理解し難い行動を取ることがありました。突然、自分とは思えない行動を取るのです。自分の記憶の中での最初の出来事は小3のときです。朝の会で、日直だった僕は、友達と二人で司会をしていました。会も後半に差し掛かり、そろそろ締めようとしたときです。突然僕は、隣の友達を両肩に担ぎ、ロビンマスクの技のタワーブリッジをかけたのです。

なぜかけたのか、よく分かりません。ですが、気が付いたらもう担いでいました。かけられた友達は泣いています。それは痛かったからだけではないと思います。周りのみんなは、見たらいけない物を見てしまって、なかったことにしようと思ったのか、そのことについて誰も僕を咎める者はいませんでした。担任でさえも。

小5のときにもあります。休み時間に、同級生の幹部と副幹部が廊下で喧嘩をしていました（なぜか沖縄では、番長と副番長のことを幹部、副幹部と呼んでいました）。大勢のギャラリーもいて、喧嘩はどんどんエスカレートしていきます。どっちが勝つのか？　と、ボルテージが最高潮に達したときです。気が付いたら、僕が幹部を殴っていたのです。本当に自分でも信じられません。殴った後に、殴ったんだと気づきました。突然の乱入者にみんなが驚いています。

なぜ、あいつは乱入してきたのか？　そして、なぜ、殴ってきたのか？　その前に、僕は当事者たちとあまり面識がありませんでした。ということは、挨拶代わりの拳となってしまいました。しばらく幹部は呆っ気に取られていましたが、やはりやられたらやり返すのが、定石でした。その後、ボコボコにされました。ギャラリーも大騒然としていましたが、そこでも、見てはいけない物を見てしまって、なかったことにしようと思ったのか、そのことについて誰も僕を咎める者はいませんでした。

それどころか、僕がボコボコにされたところだけを切り取られて、担任は、あろうことか、幹部を叱ったのです。昨今のネットニュースの切り抜き記事に不満を持っている僕は恥ずかしい限りです。

他に思い出されるのは、お酒の席でのことです。当時、沖縄で芸人をしており、事務所のみんなでペンションに行きました。ただ僕は、みんなとまだ打ち解けてなかったので、緊張していたのですが、プライドの高い僕は意地でもそれを見せたくありませんでした。だから無口でずっとクールを装っていました。他のメンバーは伸び伸び楽しそうです。そんな中、夜、飲み会が始まりました。お酒が入ると多少僕も緩くなり、さきほどまでの緊張も少しほぐれてきました。

そんなときに、事務所の代表が「誰かネタしてよー！」と言ったのです。おい、おい、オレに振らないでくれよ。と、心配していると、指名を受けたのは事務所を代表するコンビの「こきざみインディアン」でした。ホッとしました。あとは飲んでいるだけでいいのですから。そして、楽しいネタが始まりました。

ちなみに僕は、彼らが大好きです。だからネタも覚えていました。彼らが、フリを終え、今からボケるという瞬間です。客席の僕が、大声でそのボケを叫んだのです。そのときも、なぜ叫んだのかよく分かりません。気づいたら叫んでいました。普段喋らない僕が珍しく喋ったと思ったらこうなので、みんなは狐につままれた様子でしたが、僕だけは上機嫌でした。今思うと、芸人としても人間としてもあるまじき行為です。

僕も飲みの席での営業に行きますが、僕のような客がいたこともあります。そんなときは、「この客、出禁になれば良いのに」と思います。けれど、あのときのあの瞬間は快楽でした。でもまた、自分が行動した後に、マズイことをしたと気づくのです。

ちなみに僕は、彼らよりも6歳上で24歳のお兄さんでした。そんな大人が。ただ、彼らの方が愛の芸人魂のお兄さんでした。僕に、「早押しクイズかやぁ〜！」とツッコみ、何事もなかったかのように場を盛り上げてくれたのです。嬉しかった〜！ここでいう嬉しさは、助けてもらった嬉しさもありますが、話題の中心にいるという嬉しさもありました。むしろ後者の方が勝っていたかもしれません。それで僕の精神状態は復活し、更に奇行を生み出すことになります。普段抑えている分、氾濫のごとく溢れ出していきました。

それは、その後、数人でお喋りをしていたときでした。普段、僕はみんなの前でボケません。でも今日の僕は違いました。ボケてみたい。もう我慢できません。すると、突如、そこに置いてあった、ピン芸人の「ベンビー」さんの折りたたみケータイを両手で摑み、「うぉりゃー！」と、脈絡《みゃくらく》もなく二つに折ったのです。もちろん、全くウケません。一同唖然とし、気まずい空気が流れました。僕は、またそこでやっと、事の重大さに気づきました。どうしよう。すると、ベンビーさんが、二つに折れたケータイを手に取り、「うぉりゃー！」と、海に投げ捨てたのです。何という切り返し！　そして、愛！　それで何とか現場が収まりました。後日、弁償はしたのですが、ベンビーさん、ごめんなさい。そしてありがとうございました。ちなみに、あの日から僕のニックネームは、「ウチマ」＋「ベタ」で「ベチマ」となりました。

結局僕は、自己表現に飢えていました。つまり、感情表現です。自然に沸き起こる感情は悪いモノだと理解してしまっていました。そのように理解してしまう環境のせいだと思いますが、仕方のないことだとも思います。僕らはただそこに生まれただけです。自分を抑えれば抑えるほど、同じ分のエネルギーが反動として放出されるときがあります。それが僕の奇行として現れたのだと思います。

内容は何でも良かったのです。ただエネルギーを放出したかったのです。だから、自分でも理解し難い行動を取ると思っていたのです。そうならないために、「自分を抑えてはいけないから、放出しよう」と、意図的に矯正すれば良かったのでしょうか？　人間は常に自然に何かを感じています。ということは、意図的に矯正しようとすることが不自然であり、間違いの元ではないでしょうか？　そう考えると、何もせずにぼーッとリラックスしていることが、自然に思わず感情表現をしてしまうのではないでしょうか？

元々、個々人に存在価値があります。スリムクラブのネタのセリフの割合は、相方9割、僕1割です。酷いときは、相方9・5割、僕0・5割のときもあります。それでもギャラは一緒です。今では僕は、ネタのギャラというよりも、自分の存在ギャラだと思っています。

〈第5章〉

僕は怠け者

僕は怠け者で、楽して得をしたい人間だから、ときにこだわって新境地にたどり着くことがある

僕は休みの日は、大体リビングで寝転がっています。そして、飲み物が欲しくなれば、寝転がったまま、ちゃぶ台までローリングして移動し、そこで手に取った飲み物を、腹筋気味の姿勢で飲みます。そのときだけは、多少体力を使うので、細長いチューブを使用して飲もうかと考えたりもしています。とりあえず何はともあれ、この至福の時間を続けて、儲けることはできないだろうか？　と、甘い想像をしています。

僕は昔から楽して得をしたいタイプです。中学生の頃、定期的な小遣いをもらえなかった僕は、友達がジュースを飲んでいるときに、どうしたら僕も飲むことがで

きるだろうか、と考えました。正攻法でいくならお金が必要です。でも他に何か策はあるはずだ。そこで僕が目を付けたのが、「自動販売機」でした。そしてその中でも、「当たり付き自動販売機」。

当時、陸上トラックのリレーをモチーフとし、ランナーに扮した赤の点滅する自販がありました。それは、ドリンクのボタンを押すと、元々一定のリズムで移動している赤の点滅が、「ゴール」で止まれば「当たり」なのです。それをどうにか攻略できないものか？　とりあえず、友達がその自販を利用するときは、必ず付き添って見ていました。そうすると不思議なもので、閃《ひらめ》くことがあります。僕は、移動中の赤の点滅が、ゴールの四つ手前のときに、ボタンを押せば当たるのではないか？　と思うようになりました。ただまだ、確証はありません。そこで僕は、貯めていた300円で実践してみることにしました。

誰もいないのを見計らい自販の前に立ちました。やはり一定のリズムで赤の点滅が移動しています。そこで、自分自身が赤の点滅だという気持ちで、リズムを合わせます。ピ、ピ、ピ。タイミングが合わず、2回スルーしました。よし、次は、いこう。ピ、ピ、ピ。ゴールの四つ手前！　今だ！　押しました！　どうだ!?　……

なんと、見事に的中したのです。「よっしゃ～！」これが、僕の希望が確信に変わった瞬間です。そしてその日の結果は、300円中300円の当たりでした。打率10割。超大型新人現るです。僕は武器を手に入れました。明日からの生活を想像してワクワクしましたが、手に入れた6本の「ジョルトコーラ」を眺めながら、他のも押せば良かったと、少し後悔もしました。

翌日から僕の作戦が実行されました。友達がジュースを買いに行こうとすると、「オレに買いに行かせて」と懇願するのです。志願パシリです。友達は、僕の言動を不思議に思いながらも、100円玉を渡してくれました。でも僕にとっては、200円玉です。自販の前での僕は、不思議と緊張はしていませんでした。当然です。当たらなくても、僕がジュースを飲めないだけなのですから。

ただ僕は、できることをやるだけです。一つ深く深呼吸をし、他人の100円玉を丁寧に投入しました。そして、昨日のように赤の点滅を自分に憑依《ひょうい》させます。いい感じだ。昨日よりもいい。いけるタイミングでいこう。一回スルーしました。よし！　見逃し方もいい！　次だ。3、2、1、ここだ！　渾身のプッシュ！　どうだ!?　……あ、当たった～！「よっしゃ～！」と、僕を遮って、さきほど100

円玉を渡した友達が乱入してきました。どうやら僕を不審がって、ずっと物陰から覗き見していたそうです。僕が事情を説明すると、友達も喜んでくれ、「これからもオレの100円を使ってもいいよ」と、不思議な関係が生まれました。それどころか、この噂が広まり、「オレの100円を使ってよ」とお願いする、あまり面識のない不思議な同級生も現れ始めました。

僕は当て続けました。大体の確率で、人数の半分の金額で、みんながジュースを堪能できました。全員がハッピーです。僕らは飲み続けました。ですが、一度だけヘタを打ってしまったことがあります。それは、いつものように当てたのですが、僕らはその自販のジュースを飲み過ぎてて、もう何を飲みたいのかが分からなくなっていました。だから熟考しました。何にしよう。すると、時間切れで終了してしまったのです。

あ〜!　大事な一本が!　でも勉強になりました。「当たり」は「貨幣」と同等の価値ではないということです。ただそれ以外は、完璧でした。しかし、終わりは突然にやってくるものです。ある日から、法則が通じなくなってしまったのです。

何度やってもです。恐らく僕らが荒稼ぎしていることがオーナーに漏れて、システムが変わったのかもしれません。でも仕方がありません。この世に常なんてありません。そうやって、僕の自販荒らし（自称）は終わりを告げました。

このように僕は、楽して得をしたい精神で生きています。そして、それを求めることによって、何か閃いて、新境地にたどり着くかもしれません。今僕は、自宅の湿気が酷い部屋の除湿機に溜まった大量の水を見つめ、これで何か得ができないものかと考えています。

物忘れが酷いので、それを意識するとありえないミスをしてしまう。そんな僕は、唯一無二の存在

僕は自分でも驚くくらい物忘れが酷いです。人の名前、親の年齢、自宅の固定電話番号など様々なことを忘れてしまいます。嫁のケータイ番号に至っては、一度も覚えたことすらありません。覚える気はあるのですが（笑）。それはやはり、インターネット等の進化により暗記をしようとしなくなったからでしょうか？　それとも僕が、学生時代に親に暗記力を求められ過ぎて、体が拒否反応を起こしているからなのでしょうか？

先日、高速道路を運転中にお金を忘れて、持っていないことに気づきました。でも大丈夫です。なぜならＥＴＣカードを持っていたからです。でも僕は、迷わず

「一般」の料金所へ行ってしまいました。それは、「一般」の意味を忘れてしまっていたからです。料金所のおじさんの前でそれに気づいたときは、愕然と落胆でいっぱいでした。

どうしよう。思わずバックしてETCに向かおうかという考えが頭をよぎりましたが、そんなことしたら大惨事です。僕はもうテンパっています。自分の正義を主張しようと、「違うんです！　ETCカードなら持ってます！」と、強気で言っていました。何が違うのでしょうか？　おじさんは、僕の神経を逆撫でしたら危険だと察知したのでしょうか。物凄く優しく対応してくれ、手渡しのETCカードで支払ってくれました。そういう方法もあるんですね〜！　警察沙汰にならなくて良かった〜！　そしておじさんは、「次からETCに行った方が便利だよ」と、最後まで優しく教えてくれました。僕はこのことは、一生忘れないと思います。皆さんも是非参考にしてみてください。

そんな僕は、物忘れをしないように意識をしたこともあります。でもうまくいかないのです。以前、嫁に買い物を頼まれスーパーに行きました。物忘れをしないように、あらかじめスマホのメモ帳に買うべきリストを作りました。万全の態勢です。スーパーに到着し、次々と確実にリスト通りに品物をカゴに入れていきます。卵、きゅうり、豚バラ肉、じゃがりこ、ホットケーキミックス、今のところノーミスです。

ところが、「生クリーム」の所で足が止まってしまいました。なぜなら、生クリームはいくつか種類があり、どれを買えばいいのか分からなかったからです。でもそれは、嫁に確認を取ればいいだけです。電話だけでなく、写メまで送って、望んでいる生クリームを確定させました。超完璧です。しかし僕は、どの生クリームを買えばいいのか確定させた達成感と安心感で、買うのを忘れてしまったのです。何というザマだ！　自分の不甲斐なさに落ち込みました。そして僕は、自分の意識が足りないと思いました。もっともっと意識して、絶対にリベンジするぞ！　と。

その機会はすぐにやってきました。人生において課題をクリアできなければ、また同じような現象が現れるとは、よく言ったものです。その日の買い物は、野菜何種類かだけと楽勝でした。指定された物をカゴに入れ、何度も確認しました。そして、達成感や満足感などに惑わされないように、細心の注意も払いました。もうどう転んでも申し分ありません。「良かった」と、人間は余裕が生まれると頭も冴えてきます。

そのときふと、「あんたは気が利かない」という嫁の言葉を思い出しました。そして、何気に店内を見渡すとイチゴが特売で安くなっています。ちなみに、嫁と娘は大のイチゴ好きです。ここはアドリブで買って二人を喜ばせよう。いや、待て、早まるな。内間家の決定権は嫁が握っています。そしてその前に嫁は、サプライズが嫌いです。前に僕が、サプライズでネックレスをプレゼントしたら、一度も首に通しませんでした。そういうことまで思い出す今日の僕って、絶好調です。やはりここは確認の電話をしよう。嫁に確認を取ると、喜んでくれ買ってきてほしいそうです。僕の選択は間違っていませんでした。僕はやればできます。そのことを確信しました。今日一日で、かなり成長したと思いました。物忘れをしないよう注意を払い、確認し、アドリブまで生まれるなんて、なんて最高な男なんでしょう。そして、そんな自分に酔ってしまい、イチゴを買うのを忘れてしまいました。

散々ですね。結局僕は、こんな生き方しかできないのです。でも、人が経験しないことを経験していると思います。逆を言えば、人が経験していることを経験していないとも言えますが。あのパラリンピック自転車競技の女子金メダリストの杉浦佳子選手が言っていました。「最年少記録は二度と作れないけど、最年長記録は作れます」と。例え、合っていますかね？　とにかく、人間それぞれなのです。僕はどんな自分でも、率先して受け入れたいです。そして自分らしい「楽しさ」を優先に生きていきたいです。みんな同じ生き方ではないですからね。まっ、気楽に生きましょ。

あと余談ですが、嫁はサプライズが嫌いではなく、僕のセンスと合わないということが分かりました。まっ、気楽に行きましょ。

「ありがとう」を言うのが苦手だったおかげで、今は周りの愛に気づき、感謝の気持ちでいっぱいになる

皆さんは、「ありがとう」という言葉を聞いてどのような印象をお持ちですか？恐らく大半の方がポジティブな印象だと思いますが、僕はそうでもありませんでした。何か心に引っ掛かるものがありました。だから僕は、自分から「ありがとう」と言いませんでした。スリムクラブは、今までずっと相方の真栄田さんがネタを作ってくれてます。それなのに最近まで「ありがとう」と言えませんでした。いや、言いたくなかったのです。

なぜなら、それを言うと僕が怠けていることを認めていることになり、僕が無能になるからです。なぜそれほどにまで虚勢を張るのでしょうか。それは僕の小学生の頃に遡ります。

僕の母親は学校の成績を重んじ、その結果次第で将来の行方が決まると強く思っている人でした。だから僕が１００点の解答用紙を持ち帰ると、母親はワールドシリーズを制したかのように歓喜し、そうでないと、戦力外通告を受けたかのように落胆するのです。その姿を見たくなかった。そのため、僕はテストのときはいつも気合が入っていました。僕以上に母親の方が気合が入っていたと思いますが。僕は、解答用紙が戻ってくるときは、毎度合格発表のときのような気持ちです。自分なりに頑張っていましたが、全て１００点というのは無理がありました。そんなときは、母親への見せ方が大事になってきます。

僕は、不甲斐ない点数を取ったときにはそれを見せずキープしておき、１００点を取ったときに併せて見せるようになりました。たまに、様々な点数が10枚揃うこともあります。そのときは、慎重に打順を組み替えていきます。最初と最後は大砲で固めますが、大事なのは犠打の名手の元巨人軍の川相《かわい》選手のような繋ぎ役です。そのポイントを押さえることによって、受ける印象がかなり変わります。バランスよくちりばめ、かつ後半伸びる点数を選び、最後にホッチキスで留め、渡します。

そうすると僕の打順が崩れるはずがなく、僕の術中にハマるわけです。

そんな頃に起きたのが、小4のときの事件です。国語のテストが終わりました。みんなは次の授業の体育のために運動場に移動しましたが、僕はそのときたまたま体調不良だったので、そのまま教室で休養することになりました。僕はその時間で、さきほどのテストを振り返ることにしました。すると、一問漢字のミスに気づいてしまったのです。あちゃ～！　100点を逃してしまった！　またキープか！　しかし今、教室には誰もいません。僕は、自然に担任の机に向かっていました。それは悪魔の囁《ささや》きを聞いたからではありません。確実に自分の意思でした。そして、机に積まれていた自分の解答用紙を見つけ、改ざんしたのです。

果たして僕のハリボテな生き方は、少しでも僕の幸せのためになったでしょうか？　今となっては、全くそうは思いません。あの頃は人に自分を否定されないように必死でした。でも気づいたのです。一番自分を否定していたのは、自分自身であることに。自分の本音を、人を通して、自分に伝えてくれていたのです。

愕然としました。そして、それを気づいてくれた自分に、「ありがとう」という感謝の気持ちが湧き上がるようになりました。すると、今まで気づかなかった人の愛を感じ、「ありがとう」と思えるようになりました。僕は、このような気持ちになると、愛の現象が引き寄せられると思います。

先日、突然、19年前コンビニでバイトをしていた頃の副店長から十数年ぶりに連絡が来ました。ラインだったのですが、「内間さん、お久しぶりです。お元気ですか？　最近ＴＶで内間くんの姿が見れて嬉しいです。ありがとう。内間くんが沖縄から上京した初めての冬に上着持ってなかったのを思い出しました。寒かったですよね？　私も気づいてあげられなくて申し訳なかったです。今思えば気が利かないなと反省してます」と来たのです。

胸がじーんと込み上げてきました。何という愛なのでしょうか。そして、副店長にちゃんとお礼を言えてないことを思い出しました。

あれは2月で寒い日でした。夜勤の僕は、その日午前中から体調が優れませんでした。ずっと寒気がするのです。でも耐え切れないほどでもありませんでしたので、出勤しました。いつものようにレジ打ちの合間にドリンクを補充していました。すると、牛乳を補充しようとしゃがんだ瞬間です。突然猛烈な腹痛に襲われたのです。今まで味わったことのない、刺すような痛みで息ができません。「うー！」言葉になりません。もがきながら何とかトイレの前までたどり着いたのですが、そこで力尽き倒れてしまいました。

それに真っ先に気づいた副店長の対応が速かった。すぐに僕を抱きかかえ、救急車を呼んだのです。副店長は、僕より7つ上で仕事がテキパキの姉御肌でした。あっという間に店内にタンカが来て、運ばれました。しかし、そこからが長かった。受け入れてくれる病院が見つからないのです。腹痛と冷や汗が止まりません。やっと受け入れ先が見つかったのですが、新たな困難が立ちはだかります。それは、僕の保険証が手元になかったことにありました。僕の顔が濃かったからでしょうか。受付で、僕が日本人かどうか疑われてしまったのです。苦し過ぎて、怒ることも証明することもできませんでした。でも副店長は怒り心頭で「もういい！　自分で探そう！」と僕を抱えタクシーに乗せてくれ、そこでケータイで病院を調べあげ、何とか診察を受けることができました。

姐さん！　ありがとうございます！　僕をアパートまで送り届けるタクシーの中で、「病院替えて良かったわね。最初の病院は雰囲気悪くて、絶対にお化けが出るわよ」と言った副店長の微笑みは忘れられません。僕を部屋まで送ってくれたのですが、数分後に呼び鈴が鳴りました。もう午前4時です。ドアを開けてみると、そこには、おにぎり、サンドイッチ、惣菜、ポカリスエット、麦茶などの大量の食料の袋を持った副店長がいました。姐さん！　この量は体調回復しても食べることができますよ！

僕は愛に恵まれています。僕に愛を与えてくれた全ての方々、本当にありがとうございます。ちなみに、僕がバイトをしていたのは、サークルK稲田堤店で、僕の後にも一人芸人がバイトに入ってきたそうです。その名は、サンシャイン池崎。ジャスティス！　ニアミス！

自分の鈍感のおかげで、意外な展開が生まれ、ドキドキ感がたまらない

皆さんは、敏感ですか？　鈍感ですか？　僕は鈍感のようです。嫁がメイクを変えても髪形を褒めたり、服を買ったと思って似合ってるねと言ったら、前から持っていたり、痩せたねと言ったら、太ってたりとズレが多いです。ただ僕は、こんな自分の感覚をあまり悪くは思っていません。このおかげで、意外な展開も生まれ、それを体験しているときの自分のドキドキ感を気に入っています。まぁ、疲れますが。

その日の仕事は雑誌の取材でした。あるオフィスにコンビで呼ばれ、控室でしばらく待機をすることになりました。お互いテーブルを挟んで、椅子に向かい合って

座り、いつものようにたわいもない会話をし、時間を潰していたのですが、なかなか取材が始まりません。それどころか相方が、昨日飲み過ぎたようで、体調不良を訴えてきたのです。確かにいつもより顔色が悪く、元気がないようにも見えます。そして、頻繁にトイレに向かいます。僕は不安が募ってきました。相方が体調不良ということは、僕がリードして取材を受けなければなりません。僕はリードされてなんぼの存在です。せめて相方の体調が、これ以上悪化しないうちに、取材を終えたいと願っていたのですが、全然始まる気配がしません。

こんなにも歯車が合わない日もあるんだなと、ふと左側にある本棚に目をやったときです。本と本の間からこっちをカメラがとらえていたのです。え!? 隠しカメラ!? 慎重に辺りを見渡すと、花瓶の裏や天井の角にも設置されています。何!? もしかしてドッキリ!? 一気にパニックになりました。その一番の要因は、もしドッキリだった場合、何のドッキリか全く分からないということです。

必死に脳をフル回転させて考えてみましたが、全く閃きません。ここに来てからは、相方と会話をしただけです。そんな状態の中で、一体何のドッキリ要素が含まれているのでしょうか。相方が戻ってきました。さきほどよりも苦しそうです。僕も苦しいです。

「もしドッキリなら、恐らく仕掛け人の相方、何かヒントをくれ！」と、強い想いで相方の眼に助けを求めても相方は「体調不良」の一点張りで、またすぐにトイレへと消えていきました。嘘だろ！　これじゃあ埒が明かない！　相方が体調不良で僕が脳内不良！　今日は家に帰れないぞ！　それどころか、このままならお蔵入りもあるぞ！

様々なネガティブな感情が僕の中を交錯します。もう耐えられない。相方が戻ってきました。相方のヒントを待ってもキリがありません。ここは自分で気づくしかありません。僕は鈍感です。でも鈍感なりにも気づくことがあるはずです。

僕は、一旦全てを忘れてみようと思いました。心を無にして、室内の雰囲気、そして相方を無条件で感じてみました。すると、一つの違和感に気づきました。それは相方の口数です。確実に増えています。体調不良なのにどんどん増えているのはおかしいと思いました。もしかしたら相方は何かを気づいてほしいのではないのでしょうか。でも何かとは何？　意識せずにただ相方を見つめ、じっと観察してみました。

するとついさきほどよりも頬がこけています。それは、度重なるトイレから来る脱水症状の影響で……違う！　頬がこけたんじゃない！「あ、あ、顎が伸びたー！」と思わず叫びました!?　大成功ー！　と、続々とスタッフさんたちが控室に入ってきました。良かった～！　それは、持ち金が残り1000円でCR新海物語のノーマルリーチで大当たりしたときくらいの喜びでした。実は、相方がトイレに行く度に、顎を1㎝ずつ特殊素材で伸ばしていき、何㎝伸びたら気づくのか？　というドッキリだったそうです。そして僕が気づいたのは、不覚にも5㎝でした。

指摘されたら確かに格段と伸びていましたが、全く気づきませんでした。人間の顎は伸びないという固定観念も邪魔をしたとは思いますが、三日月のような相方の横顔を眺めながら、自分の鈍感さを改めて感じました。今なら、ハッキリと言えることは、人間、顎が伸びる場合もあります。

もし僕が敏感だったら、どうなっていたでしょうか？　ロケもあっという間に終わり、撮れ高もなく、それこそお蔵入りになっていたかもしれません。鈍感が故にドキドキの展開になったと思います。この世には、敏感な方も鈍感な方もそうでない方もいると思います。だから、それぞれの世界で、どういう展開になっても、楽しめたら最高ではないでしょうか？

ちなみに相方は、あの後、伸びた顎のままで嫁さんと待ち合わせをするという企画を行いました。先に待っていた嫁さんの元に相方が行き、「待った？」と言うと、嫁さんは即、「（顎が）伸びた？」と言いました。

言い間違いが多いけれど、沖縄の人の特徴だと気づいて愛せるようになった

僕は、よく言い間違いをします。最近では、「昨日、インスタライブをした」を「昨日、インストアライブをした」と言ったり、「クルトン」を「くるみん」と言ったり、「税理士」を「弁護士」と言ったりと散々です。振り返ってみると、かなりおかしな話になっています。

「インストアライブ」と言った僕は、職業ミュージシャンになってますし、「くるみん」とは、「次世代育成支援認定マーク」などと呼ばれるものの愛称名で、少子化対策を図り子育て支援などの一定の基準を満たした企業や法人などが厚生労働省によって認定され、そのマークを広告や商品などに付け加えることができる物のことを言います。僕は、それを、クラムチャウダーに入れたいと言い出したのです。

そして「弁護士」に関しては、もはや言い間違いではなく、間違いです。

僕が育った頃の沖縄は、現在はどうか分かりませんが、良く言うと「おおらか」、悪く言うと「てきとう」なカルチャーに包まれていました。沖縄の方言で「てきとう」のことを「てーげー」と言います。ウチナータイム（沖縄時間）は、有名な話で、集合時間に集合しないのが普通でした。飲み会なんて、集合時間に家でシャワーを浴び、夕飯を済ませてから向かいます。なぜ、そこまで準備万端ととのえるのでしょうか？ それは、みんなと擦り合わせをしたことはありませんが、僕の場合は、もう今日はやらなければならないことはなく、後は飲むだけでいいという安堵感が欲しかったからです。では、夕飯は飲み会で食べたらいいのでは？ と思う人もいると思いますが、僕にとっては、夕飯も義務の一つなのです。それも取っ払って、ただ飲みだけに没頭したかったのです。

そして、大体みんな同じ行動パターンなので、みんなほぼほぼ同じ時間に集合します。だったら、最初から遅い時間に集合時間を設定しては？ と思う人もいると思いますが、そうしても結果は同じなのです。てーげーでしょ？ また、会話の中で「てーげー」という単語を使うことも多いです。「てーげー好き」「てーげー腹立つ」「てーげーお腹空いた」などと。ここでの「てーげー」は、「何となく」という曖昧なニュアンスが強いです。そもそも、自分の気持ちの表現に、「てーげー」という単語は必要でしょうか？

また、沖縄の人は表現が独特です。これも有名な話だと思いますが、沖縄の人は「ぬー」という単語だけで喧嘩ができます。「ぬー」の単語は怒りの感情で、その言い方や強弱により変化するのです。例えば、２人の中学生が出会ったとします。「ぬー？（はぁ？）」「ぬー。（何、俺を見てる？）」「ぬー？（お前が俺を見たんだろ？）」「ぬー！（お前ナメてるな！）」「ぬー！（お前がナメてるんだろ！　調子乗るなよ！）」「ぬー!!（言ったな！　吐いた唾飲むなよ！　俺が石田中だと知ってて言ってんのか？）」「ぬー！！！（逆に俺が、層の厚い上山中だと知ってて言ってんのか？　俺がダメだったらマナブ先輩が出てくるけど、後悔しないか？　マナブ先輩の親父は、青年会の会長やってるんだぞー！）」「ぬー！！！（上等じゃ！　この喧嘩は先輩も先輩の親父も関係ないだろ！　それでも出してくるなら、親戚で力を持っているユタ〈沖縄の霊媒師《れいばいし》〉に相談してやるぞ!!)」「ぬー!!!!(ぶち殺す!!!!)」

凄くないですか? もはやテレパシーの世界です。また沖縄の人は、指示語も頻繁に使います。「あそこのあれ取って」「あれがよー、ああ言ったわけさ」「あの人、ああ見えても昔からああだわけさ」などです。以前お袋に「あの番組に出ている、昔からいるあの俳優、誰だったかね?」と、聞かれたことがあります。僕の能力を高く見積もり過ぎです。でも、その後の「とにかく頭が良くて、世界に発言する」というヒントで、奇跡的にゴールにたどり着くことができました。それは、世界ウルルン滞在記の石坂浩二さんでした。

僕のお袋も、僕同様かなり言い間違いをします。お袋の場合は、かなり激震が走るレベルです。以前、僕のために何度もテレビに出演してくれたことがありました。ある日のロケで、巣鴨商店街に行くことになり、「にんにく専門店」で黒にんにくを試食しました。

お袋は、黒にんにくの良さを伝えようと、恐らく「にんにくは元気のもと」と言いたかったのだと思いますが、なんと「にんにくは万病のもと」と、言い間違えてしまったのです。もろに店長の目の前でですよ。店長は、商品を勧めてくれると思っていたはずです。でも、真逆の凄まじい表現になってしまいました。ただ、あまりにも極端な表現だったので、大爆笑が起きました。店長も大笑いです。良かった。

他にも、親子で「踊る！さんま御殿!!」に出演しました。そこでお袋は、芸能界に身を置く僕の将来を心配して、恐らく「芸能界は浮き沈みが激しいですからね」と言いたかったと思うのですが、険しい顔をしてお袋は、「芸能界は浮き沈みが少ないですからね」と言い間違えてしまったのです。え!? ということは、今後、出演者全員安泰だと、大爆笑が起きました。しかもそのフレーズで、なんとお袋は「踊る！ヒット賞」をかっさらっていったのです。ちなみに、その賞の賞品は「何か安心できる物」ということで、カワウソの抱き枕でした。

僕の言い間違いも含めての表現は、お袋や環境の影響だと思います。そして、お袋も同じように何らかの影響を受けてきたと思います。沖縄の人の表現は、「曖昧」が多いです。でも、必要だったと思います。曖昧にしなければならなかったのです。

僕は、物心ついた頃には、自分の気持ちをストレートに表現するのが恥ずかしく、曖昧に表現するのが当たり前でした。そしてそれが、人類全てに当てはまるとも思っていました。

でも上京してから、そしてお笑いを始めてから、自分の考えに疑問を持ち始めました。それは、シンプルに堂々とハッキリ自分の気持ちをストレートに表現している人が沢山いたからです。でもなぜ、地元にはあまりいないのか？　色々探ってみると、それは、沖縄の歴史にあるような気がします。

沖縄は、占領されてきた歴史があります。そして、差別も受けてきました。そのときの無力感が自己否定へと繋がり、自分の気持ちをストレートに表現できない精神が、作り上げられたのではないかと思います。

僕は、その時代で色々事情があるので、仕方がない部分があると思いますが、一つだけ問題があると思います。それは、そのときのネガティブな精神が下の世代に受け継がれていくということです。それは、もう既に占領から解放されているのにもかかわらず、そう思ってしまう精神です。そうなると恐怖は存在したままです。

だから、堂々と自分の気持ちをストレートに伝えることができず、恐る恐るの発言になると思います。だから、言い間違いも多くなるのです。僕の表現の性質は、物心がついた頃の環境だけの影響だと思っていました。しかし、僕が生まれてまだ自覚のない頃の環境の影響もあると思います。現に胎教もあるくらいですから。人間は、記憶したモノを元に生きます。果たしてそれは脳だけに記憶されたモノなのでしょうか。胎教から自覚のない期間はどう記憶されるのでしょうか。DNAレベルで何かを感じ取って記憶になったことはないでしょうか。もしそうなら、無抵抗なその頃に、記憶したいモノを選別できたでしょうか。

だから、悩んでいる人に伝えたいです。あなたを苦しめている原因は、決して、あなただけのせいではありません。でも、自分のせいではないとしても、苦しいのに変わりはありませんよね？　分かります。だから、身に覚えのないご先祖さまの影響を受けてしまい、苦しんで悩んでも、頑張って生きている自分を労《ねぎら》ってあげてください。本来は、誰も悪くないと思います。

行動が独特で面白がられてへこんだけど、両親のおかげだと思ったら愛せてきた

僕は行動が独特だと言われ、面白がられることがあります。車で移動しているときの時間の潰し方は、音楽を聴いたり、お喋りをしたり、寝たりなどと色々あると思いますが、僕は、目の前に小さなオープンカーに乗った小さな自分をイメージします。それは、マリオカートのようなオープンカーで、バスケットボールくらいの大きさです。そして、自分の歯を食いしばればアクセル、口を開けばジャンプをし、ガードレールの上を走らせていきます。そこでの一番の肝は、ジャンプ中です。そのときは、息を止めなければなりません。だから、ガードレールとガードレールの間隔が空いているときは大変です。そこで息が持たなければ、奈落の底へ転落してしまいゲームオーバーとなってしまいます。でも、コンティニューすれば再チャレ

ンジも可能です。どうですか？　独特でしょうか？

20歳くらいの頃、家で暇な夜の過ごし方は電話でした。ありきたりだと思うかもしれませんが、僕の場合は、突然、適当に全く知らない固定電話にかけるのです。でも、その行為は、イタズラ電話ですよね？　だから僕は、ラジオパーソナリティに扮し、ゲリラ的に電話をかけました。ですが、最初で怪しまれて切られてしまったら元も子もありません。だから、オープニングが肝心です。

相手が電話に出た瞬間に僕は、ＤＪ赤坂泰彦さんふうに「おめでとうございます～！　ＤＪ黒坂鷹彦の夜もあっぱれ～！」とカッコ良く決め、手早く主旨説明をします。実は、これは突撃クイズで、僕から出題される5問のクイズを全問正解できれば、豪華賞品がもらえるということだと。しかし、なぜそんな企画をしているのか？　それは、ＦＭ南大東島を設立するためのテストコーナーだと伝えました。

果たして、信じてくれた人は何人いたのでしょうか。あと、豪華賞品といっても、図書券５００円分でした。それは、大学の忘年会のビンゴ大会で手に入れた物です。ただ、１枚しかないので、後半難しい問題を出して、難を逃れようという作戦でした。1問目は「日本で一番高い山は？」。2問目が「日本で一番大きい湖は？」。簡単ですよね？　まだその程度のクイズが続きます。続いては、「現在の総理大臣は？」。当時の総理大臣は、第一次橋本内閣の橋本龍太郎でした。それを答えた人に出題されるクイズは、「去年のレコード大賞の曲は？」です。その答えのTRFの「Overnight Sensation ～時代はあなたに委ねてる～」を答えた人には、いよいよ最終クイズです。ちなみに、ここまでたどり着いた人は、40人中38人でした。2人の方が、それぞれ、当時の総理大臣を村山富市、去年のレコード大賞の曲を華原朋美の「I'm Proud」と答えてしまいました。残り1問で申し訳ございません。そこには、眉毛のインパクトと無邪気な華原朋美の影響力を感じました。

最終クイズは、私DJ黒坂鷹彦に関するものです。それは、「私の好きなバンドは？」でした。超個人的です。難解です。難易度が上がるのが急過ぎて、非難を受けたとしてもおかしくありません。また、本人からヒントを探ろうとも、DJ黒坂鷹彦の存在を誰も知る人はいません。確率が無限分の1なんて、不可能です。だから、ヒントは出しました。それは、「ライブでボーカルが、曲の終わり頻繁にレイジ！　とシャウトする」です。かなりマニアックだと思いませんか？　でも、正解率は2％。なんと1人の方が「黒夢」だと正解したのです。おめでとうございます！　その結果、とうとうDJ黒坂鷹彦も終焉を迎えることになりました。僕も10日という長い間、やり切りました。電話の向こうの男性も喜んでくれている様子です。僕は、清々しい気持ちで、図書券の郵送の旨を伝えました。拒否されました。それは、郵送先を教えたくないという理由でした。やはり怪しいと感じていたのですね。でもその彼から、「楽しい時間をありがとうございました」とお礼を言われたのです。こっちの方が楽しい思いをしているのに。こちらこそありがとうございました！　です。

僕はこういった行動を取る人間です。果たして、僕と同じタイプはいるのでしょうか？　いたら嬉しいのですが。それと同時に、なぜ僕は、そんなタイプになったのだろうと、思いました。

そして、僕なりに分かったのは、僕の家が独特だったことです。両親は、古き良き時代を愛する人でした。だから、今風よりも古風、進化よりも古風、エキサイティングよりも古風を選びます。僕が与えてもらった物は、望んだ物ではなく、ほとんどがそんな類いの物でした。

小学生の頃のおやつは、みんなが美味しそうに食べていたポテトチップスではなく、黒糖菓子のタンナーファークルー、漫画は、みんながワクワクして読んでいた「北斗の拳」や「ドラゴンボール」ではなく、「巨人の星」や「野球入門」、自転車は、みんながドキドキしながら駆け抜けていたモトクロスではなく、ママチャリでした。

当時、何度も「何で!?」と、ヘコみました。でもそれらの行為は、別に僕を苦しませようとしたわけではありません。両親は、それの方が安心・安全で、僕が得すると勘違いしていたのです。分かっています。でも、望んだ物が手に入らなかった空虚感は残ったままでした。だから、それを埋めるために、どうにかそれに代わるモノはないものかと考えるようになったのです。すると、自分なりのシステムで遊べるモノを考え始めました。現在の僕の行動の原点は、そこにあると思います。そして、僕が周りに面白がられる部分は、皮肉なことに両親のおかげです。あのときはかなり嫌でしたが。

みんなそれぞれ、いろんな環境で生きていると思います。そして、どんな環境でも、たとえ人が羨む環境だとしても、悩んでいる人もいるかと思います。でも、どんな環境でもそれぞれの良さは必ずあると思います。

人間は、経験をしたがります。でも全てを経験することは不可能です。だからこそ、今経験できることを存分に堪能してみませんか?

「媚《こ》びないと生きていけない」と思いこんだのも自分が決めたことと気づいたら、あらゆることは自分で決められることに気づいた

夢を見ました。僕は収録を終え、テレビ局の廊下を歩いていると、ずんの飯尾《いいお》さんと久しぶりに会いました。飯尾さんは、僕が番組で家を購入したときに、ずっと一緒にロケを回って、アテンドしてくれた方です。そんな昔話にも花が咲き、この後一緒にご飯に行こうということになりました。そして、二人で山手線で移動。飯尾さんも山手線に乗るのですね（笑）。それは、満員電車での立ちでの移動でした。人波にのまれ、踏ん張ったのですが流されてしまい、飯尾さんを見失ってしまいました。

でも降りる駅は渋谷駅だと約束していたので、到着してから連絡を取れば大丈夫だと安心していると、また電車の揺れに耐え切れず流されてしまい、ある方にぶつ

かってしまったのです。その方は、「何や？」と。それは、明石家さんまさんでした。さんまさんも山手線に乗るのですね（笑）。さんまさんは僕を見て、「ほな行くで～！」と僕を誘い、僕も了承し、あろうことか渋谷駅の一つ手前の恵比寿駅で降りてしまったのです。しかもその後、飯尾さんに連絡をしていません。飯尾さんは優しいから、ずっと僕からの連絡を待っていると思います。そこで目が覚めました。

そんなリアルな夢を見て僕は思いました。飯尾さんと約束しているのにもかかわらず、なぜさんまさんについていったのだろうかと。それは、さんまさんが飯尾さんより先輩だったからです。僕は先輩の方が権力を持っており、それに従わなければ生きていけないと思っている節があります。それは、自分でも古い体質でダサい感覚だと思い、恥ずかしくて鳥肌が立つのですが、どんなに恥ずかしがっても本心が全てです。それは、今まで僕が培ってきた物の結果です。

僕の通っていた中学は、異常に上下関係が厳しかったです。先輩には、必ず挨拶をしなければなりませんでした。それは、ごく当たり前のことだと思いますよね？でも、それがごく当たり前のことではなかったのです。それは、先輩の姿が消えるまで、ずっと頷くような首振りを続けなければなりませんでした。

　以前友達が、過ぎ去って行った、ずっと遠くの後ろ姿の先輩を見て、もう大丈夫だろと首振りをやめたら、後日先輩に呼び出しをくらってしまいました。不思議なのは、あのとき、先輩本人に気づく余地なんてありません。恐らく、様々な情報網があったのでしょう。組織の結束力が強く、ゴッドファーザーのような世界でした。その前に、あの連続の首振りは、挨拶と言えるでしょうか？　そんな理不尽なルールでも、上の者が白と言ったら白です。僕はみっちり3年間鍛えられました。だから高校に進学しても、もうそんなルールは存在していないのにもかかわらず、反射的にしてしまうのです。

　習慣は素晴らしいものでもあり、ときには恐ろしいものですね。そして、僕のその行為を「挨拶」だと思わない人が多数でした。だから、僕の行為に対して、先輩から「大丈夫か？　何かあったのか？」と、僕の精神状態を心配されたり、予想外に「お前、バカにしているのか？」と、怒られたりもしました。そこで僕は初めて、自分や育ってきたコミュニティーのおかしさに気づくのです。やはり様々な場所に行くことが大切ですね。

同級生の中でも上下関係がありました。それは、権力を握っていたグループがあったのです。そこには、主に喧嘩が強く、また、そのメンバーと絆が強い人しか入れません。その見定めは、先輩でした。中学に入学すると、先輩からのスカウトが行われます。ちなみに僕は一度もスカウトされていません。こうした、上にも横にも連携が整ったグループを、方言も交えて「グループしー」と呼ばれていました。翻訳すると、「グループの人」。シンプルですね。ちなみに当時僕は、方言に疎かったので「グループしー」のことを「グループC」だと思っており、「グループA」や「グループB」は一体どこにいるんだろうか？　とずっと思っていました。そんな疑問をある日「グループしー」の一人にぶつけてみると、「その発想はなかった」と、ボケだと思われてしまい相手にされませんでした。

そんな「グループしー」が学校を牛耳っており、その勢力に逆らって、彼らを敵にまわしてしまったら生きていけません。日々の恐怖のマックスは、授業終了時でした。その時間の少し前から、「グループしー」のメンバーが各々の担当クラスの前に待機するのです。そして、ぞろぞろと帰る男子にコソッと親指と人差し指で輪っかを作り、「じん（お金）もっちょーみー（持っているか）？」と、聞いてくるのです。いわゆる金銭せびりです。僕らは「じん（お金）かめー（掴む）」と呼んでいました。そこで、お金を持ってないと嘘をつき、それが発覚してしまったら大変なことになります。

僕は、基本お小遣いがなかったので、あまり取られませんでしたが、それでもトータル5000円くらいは取られました。当時は恐怖のあまり冷静ではなかったので感じませんでしたが、今では怒りが込み上げてきます。立場の弱い人間から巻き上げ、上の者たちだけが笑って暮らしている。実際にそうでしたが、ただそれは、僕が想像していた以上のものでした。そのお金は、1年から2年、2年から3年。ではなかったのです。なんと20歳の先輩まで行っていたそうです。何というピラミッド型の社会でしょうか。いや、そこまでは大きくはない。テント型です。そして僕は、そんな社会を一般的なことだと思っていました。

そんな環境を生き抜くには、「グループしー」と良い関係を築くしかありません。そこで僕が取ったのは、子分の仕事をこなすということでした。普通子分は、弱気でイジメられるタイプの人がやりました。でも僕は、自分がイジメられているという惨めな思いはしたくありませんでした。

だから、自分から積極的に堂々と行うのです。彼らが、ジュースを飲みたそうにしていれば、誰よりも先に「オレがついでに買ってきてあげるよ！」、帰りたそうにしていれば、「オレがついでに自転車置き場から自転車を持ってきてあげるよ！」、宿題に手こずっていたら、「オレがついでにやってあげるよ！」と、貫きました。自転車と宿題のついでとは、一体何なのでしょうか。

また、他校との喧嘩のときも付いて行きました。そのとき我が校は、総勢30人ほどの人数で、呼ばれてもないのに、そこに紛れて行きました。ただ、流れ弾が当たるような巻き添えは食らいたくはありません。ですので、空気感と距離感を大切にしました。自校に対しては、「何かあった場合は、いつでもオレは行くぞ！」という強い意志を示し、一方他校に対しては、「私は友好的なので、あなた方に危害は加えません」という優しい平和を示しました。ただし、比較的遠くの方から。

ただ、ウチの中学は強かった。毎度、圧倒的な力の差を見せつけます。そしていつも幹部（番長）が最後に見せつける決め技がありました。それは、バックドロップです。数々の強者たちが、それで散っていきました。初めて見たときの衝撃は凄まじかったです。僕の知っている喧嘩ではありませんでした。そして僕は、一切何もしていません。何かせねば。そこで僕は、倒れてる強者の血の染みた白シャツを脱がせ、水道で洗うことにしました。「お互い大変ですね」と、無言で語り合いながら。あの日の夕陽は、眩しかった。

僕は夢を見て、自分は権力を持っているであろう人に、自分の権利を委ね、媚びないと生きていけないという観念を持っていることが分かりました。しかも、相手が権力を持っているであろうと決定したのは、僕自身です。勝手にそう思いこんでいました。そこで、あることに気づきました。それは、あらゆることを自分自身が決定していることを。ということは、自分自身に権利があるのです。だから自分自身に権利がないという表現はおかしいです。嫌な結果ですら、自分の権利を駆使して決定していたのです。

「自分に権利はあるのか？」という問いは、愚問です。しかし、そのことを忘れがちです。

だから僕は、自分自身に「オレには権利がある。これまでの結果は、全部オレの権利の力の成果だ」と、声に出して言うようにしています。これは、オススメです。ただし、人に聞かれたら危ない人だと思われますので、声のボリュームにはお気をつけください。

幸せになるための道を勘違いしてきたけど、おかげで鶴瓶師匠の優しい世界に気づけた

ある日、突然、知らない電話番号から着信がありました。恐る恐る出てみると、ダミ声の男で「もしもし、スルへーですぅ」と言ってきたのです。スルへー？　この人は一体何を言っているのだろうかと、僕は間違い電話だと確信し、そのことを告げ、切ろうとすると、その男が慌てて「だから、スルへーやって。マエダの連絡先教えてや」と、更に言ってくるのです。マエダ!?　相方のこと!?　ということは、もしかしたらこの男は知り合いなのか？　冷静になって、じっくりその声を聞いてみると、この抑揚のあるダミ声で関西弁をどこかで聞いたことがある気もします。はて、どこだったっけ？　あれ？　テレビで聞いたことがあるぞ。もしかして！「だから鶴瓶やって！　さっきから何回も鶴瓶やって言っているやろ！」と、そこ

には、テレビで後輩に言い返しているときの笑福亭鶴瓶がいました。感動もんです。でもその前に、師匠、無礼な対応を取って申し訳ございませんでした。まさか師匠から電話がかかってくるとは、これっぽっちも思っていませんでした。

そんな僕が、初っ端の「スルヘー」を、あの笑福亭鶴瓶と一致させるには無理がありました。でもなぜ、僕に電話を!? 話を聞くと、僕の連絡先を師匠のマネージャーが知っていたので、かけたそうです。そして、なぜ相方の連絡先を聞いたのかは、相方が「探偵ナイトスクープ」に復帰したことを聞きつけて、その祝福を相方に直接伝えたかったからだそうです。

なんという優しき大御所! 数回しか会ったことのない後輩に、こんなにも気さくに接してくださるなんて! 僕らが闇営業問題で謹慎が明けたときも、事務所が違うにもかかわらず、真っ先にライブに呼んでくれたのも師匠でした。胸が温かくなりました。僕は、師匠がみんなから愛される理由が分かった気がしました。

それから数日後、また師匠から着信がありました。そのときはスマホに「笑福亭鶴瓶」と表示されたのですが、自分の暮らしの中に「笑福亭鶴瓶」があるという、何とも言えない不思議な感覚でした。それは食事のお誘いでした。

僕は、相方の現場復帰もあったので、そのお祝いだろうと思い、指定のお店に行くと、そこには、師匠と師匠のマネージャーと番組終わりの共演者がいたのです。なぜここにオレが⁉ オレだけ無関係者。腑に落ちずに理由を聞くと、師匠は「相方は復帰できたけど、お前はまだしてないやん」と、あっけらかんに言ったのです。師匠、一応僕も相方と同じタイミングで復帰しています。それよりも、何でそこまで優しいのですか⁉ 優し過ぎます！ もしかしたら、何かの罪の償いをしているのですか⁉ そんな師匠の愛に触れ、宴はあっという間に終わりました。

みんなで師匠をマンションまで送り、それぞれ帰ろうとしたときに、なぜか師匠がエントランスから小走りでやってきたのです。もしかして忘れ物？ もしくは言い忘れ？ と思っていると、前屈みになった師匠が、「アカン。もう我慢できへん」と、隣のコンビニへ消えて行きました。小便の限界がきていたそうです。何というタイミング⁉ もうそこは家ですよ。笑いが止まりませんでした。僕は師匠を見て幸せな気持ちになりました。そしてきっと師匠は、幸せな人生なんだろうなと思いました。

僕は、幸せになるには何か大きなことを成し遂げなければならないと思っていました。例えば、天下統一やノーベル賞受賞、紙幣になるなどです。そしてそれらを手に入れるためには、苦しみが伴うと思っていました。こういう思考になったのは、恐らく、小さい頃に母親に偉人の本ばかり読まされていたからだと思います。ちなみに、母親のお気に入りは、ヘレン・ケラー、野口英世、二宮金次郎などでした。どれも苦しみを伴ってから成功へと羽ばたいていったパターンです。

だから僕は幸せのために、率先して苦しみを求めてきました。貧乏でOK！　仕事なくてOK！　やりたくないことをしてOK！　その苦しみは、全て幸せへの足掛かりになります。でもその苦しみに疲れ、どんどん消極的になっていきました。

そんなときに感銘を受けたのが、鶴瓶師匠の「自分から狙って仕事を取りにいったことはないねん。流れに身を任せて、来た仕事をやってるだけやねん。理由は分からへんけど、仕事が来るねん。だから与えてもらった仕事をありがたく、笑顔でやっていくだけやねん。だから毎日楽しいねん」という言葉です。

なんて優しい世界なのでしょうか？　僕が目指していた苦しみは、みじんも感じられません。もしかしたら、人が師匠を見ると苦しく思えることもあるかもしれませんが、師匠にとってはそれも楽しさなのです。そして師匠は、そもそも何か大きなことを成し遂げようと思っていません。楽しんだ結果が、大きなことを成し遂げたことになったのです。こういう生き方をすると、自然に波動が高くなり、自分にとっての楽しい現象がどんどん引き寄せられてくると思います。

みなさん、それでもまだ、外の世界に答えを求め、苦しさを求めますか？　それは今一番、僕自身に言っています。

[著者]
内間政成（うちま・まさなり）
芸人。スリムクラブ　ツッコミ担当
1976年、沖縄県生まれ。2浪を経て、琉球大学文学部卒業。
5～6回のコンビ解消を経て、2005年2月、真栄田賢（まえだ・けん）とスリムクラブ結成。
「M-1グランプリ」は、2009年に初めて準決勝進出。2010年には決勝に進出し準優勝。
これをきっかけに、人気と知名度が上昇。2011年には「THE MANZAI」でも決勝進出。
2021年1月、「2020－2021ジャパンラグビートップリーグアンバサダー」に就任

等身大の僕で生きるしかないので
――さらけ出したら、うまくいった40の欠点

2023年２月28日　第１刷発行

著　者――内間政成
発行所――ダイヤモンド社
〒150-8409　東京都渋谷区神宮前6-12-17
https://www.diamond.co.jp/
電話／03･5778･7233（編集）　03･5778･7240（販売）
編集協力――ブックオリティ（高橋朋宏）
装丁･本文デザイン―轡田昭彦
撮影――――榊智朗
校正――――聚珍社
製作進行――ダイヤモンド・グラフィック社
印刷――――勇進印刷
製本――――ブックアート
編集担当――土江英明

ISBN 978-4-478-11533-6